Aliații
umanității

◆

CARTEA ÎNTÂI

Aliații umanitătii

◆

CARTEA ÎNTÂI

◆

UN MESAJ URGENT

referitor la prezența extraterestră

aflată în lume în prezent

Marshall Vian Summers

AUTORUL CĂRȚII

PAȘI CĂTRE CUNOAȘTERE: Cartea Cunoașterii lăuntrice

Cărțile Bibliotecii New Knowledge sunt publicate de către organizația The Society for The Greater Community Way of Knowledge. The Society este o organizație non-profit dedicată misiunii de a prezenta Calea Cunoașterii din Marea Comunitate.

Pentru a primi informații despre înregistrările audio și despre programele și serviciile educaționale ale organizației The Society, vă rugăm să vizitați organizația la următoarele adrese web sau să le scrieți:

THE SOCIETY FOR THE GREATER COMMUNITY WAY OF KNOWLEDGE
P.O. Box 1724   •   Boulder, CO 80306-1724   •   (303) 938-8401
society@newmessage.org
www.alliesofhumanity.org   www.newmessage.org
www.alliesofhumanity.org/ro   www.newmessage.org/ro

Dedicată marilor mişcări pentru libertate

Din istoria lumii noastre —

Atât cunoscută, cât şi necunoscută.

CUPRINS

Cele patru întrebări fundamentale referitoare

la prezența extraterestră aflată în lume în

prezent:

Ce se întâmplă?

De ce se întâmplă?

Ce înseamnă acest lucru?

Cum ne putem pregăti?

Este destul de neobișnuit să găsești o carte care să schimbe viața omului, însă este mult mai extraordinar să întâlnești o lucrare care are potențialul de a produce un impact asupra istoriei umane.

Acum aproape patruzeci de ani, înainte să existe o mișcare pentru protecția mediului, o femeie curajoasă a scris o carte foarte provocatoare și controversată, care a schimbat cursul istoriei. Cartea *Primăvara tăcută* a lui Rachel Carson a produs o conștientizare globală privind pericolele poluării de mediu și a stârnit o reacție activistă care dăinuie și în zilele noastre. Fiind printre primii care să declare public faptul că utilizarea pesticidelor și a substanțelor chimice este o amenințare la adresa întregii vieți, Carson a fost ridiculizată și umilită la început, chiar și de mulți dintre colegii săi, dar a fost în final considerată ca fiind una dintre cele mai importante voci ale secolului al XX-lea. *Primăvara tăcută* încă este considerată de majoritatea ca fiind piatra de temelie a ecologismului.

Astăzi, înainte să predomine conștientizarea publică a unei incursiuni extraterestre în desfășurare în rândurile noastre, un om la fel de curajos—un învățător spiritual ascuns până acum—iese în față cu un comunicat extraordinar și îngrijorător de dincolo de sfera noastră planetară. Cu *Aliații umanității*, Marshall Vian Summers este primul lider spiritual al timpurilor noastre care să declare fără echivoc faptul că prezența nepoftită și acțiunile clandestine ale „vizitatorilor" noștri extratereștri constituie o amenințare profundă la adresa libertății umane.

Deși la început, ca și Carson, Summers cu siguranță va fi întâmpinat cu batjocură și discreditare, el ar putea fi recunoscut în final ca fiind una dintre cele mai importante voci din lume în domeniul informațiilor privind viața extraterestră, în domeniul spiritualității umane și în domeniul evoluției conștiinței. În același mod, *Aliații umanității* s-ar putea dovedi a fi de o importanță crucială în asigurarea însuși viitorului speciei noastre—nu numai trezindu-ne la încercările profunde ale unei invazii extraterestre tăcute, ci, de asemenea, stârnind o mișcare de împotrivire și de împuternicire fără precedent.

Deși împrejurările privind originea acestui material extrem de controversat ar putea fi problematice pentru unele persoane, perspectiva pe care o reprezintă și mesajul urgent pe care îl transmite ne cer cea mai profundă luare de seamă și cel mai hotărât răspuns. Aici suntem cu toții mult prea plauzibil confruntați cu declarația potrivit căreia apariția tot mai frecventă a OZN-urilor și a altor fenomene corelate evidențiază nimic altceva decât o intervenție subtilă și fără opoziție până în prezent, din partea unor forțe extraterestre care caută să exploateze resursele Pământului numai în interesul lor.

Cum răspundem adecvat la o afirmație atât de îngrijorătoare și revoltătoare? S-o ignorăm și s-o respingem de la bun început, așa cum au făcut mulți detractori ai lui Carson? Sau să cercetăm și să încercăm să înțelegem ce ni se oferă aici de fapt?

Dacă alegem să cercetăm și să înțelegem, iată ce vom găsi: O revizuire profundă a deceniilor recente de cercetare globală privind activitatea OZN și alte fenomene aparent extraterestre (de exemplu răpirile și implanturile extraterestre, mutilarea animalelor, chiar și „posedarea" psihologică) aduce dovezi ample în favoarea perspectivei aliaților; într-adevăr, informațiile conținute în discursurile aliaților clarifică în mod uimitor problemele care i-au încurcat pe cercetători ani de zile, clarificând multe dovezi misterioase dar persistente.

Odată ce am cercetat aceste chestiuni și ne-am convins în privința faptului că mesajul aliaților nu este numai plauzibil, ci și convingător, ce urmează? Aprecierile noastre vor duce inevitabil la concluzia de necontestat a faptului că situația noastră dificilă de astăzi are paralele profunde cu incursiunea „civilizației" europene în America, începând cu secolul al XV-lea, când popoarele indigene nu au putut să înțeleagă și să răspundă adecvat la complexitatea și primejdia forțelor care le vizitau meleagurile. „Vizitatorii" veniseră în numele lui Dumnezeu, demonstrând o tehnologie impresionantă și pretindeau că oferă un mod de viață mai avansat și mai civilizat. (Este important de notat faptul că invadatorii europeni nu erau „Diavolul în carne și oase", ci doar oportuniști, lăsând în urma lor drept moștenire o devastare neintenționată.)

Iată ideea: încălcarea radicală și la scară largă a libertăților fundamentale pe care nativii americani au experimentat-o ulterior – incluzând decimarea rapidă a populației lor – nu este numai o tragedie umană monumentală, ci și o lecție demonstrativă puternică pentru situația noastră actuală. De data aceasta, suntem cu toții poporul nativ al acestei singure lumi, iar dacă nu putem să mobilizăm la nivel colectiv un răspuns mai creativ și mai unificat, am putea suferi aceeași soartă. Aceasta este întocmai realizarea pe care *Aliații umanității* o precipită.

Însă, aceasta este o carte care poate schimba viețile oamenilor, căci activează o chemare lăuntrică adâncă ce ne amintește de scopul pentru care suntem în viață în acest moment din istoria umană și ne pune față în față cu nimic mai puțin decât cu destinul nostru. Aici suntem confruntați cu cea mai inconfortabilă realizare dintre toate: Însuși viitorul umanității ar putea depinde de modul în care răspundem la acest mesaj.

Cu toate că *Aliații umanității* este o carte plină de învățăminte profunde, nu există incitări la frică sau la perspective sumbre în ea. În schimb, mesajul aduce speranță extraordinară în ceea ce este acum o situație foarte periculoasă și foarte dificilă. Intenția evidentă este de a păstra și a-i da putere libertății umane și de a stârni un răspuns personal și colectiv la intervenția străină.

În mod corespunzător, chiar Rachel Carson a identificat odată în spirit profetic însăşi problema care ne împiedică abilitatea de a răspunde la această criză actuală: „noi încă nu am ajuns suficient de maturi," a spus ea, „pentru a ne gândi la noi ca fiind doar o parte infimă dintr-un univers vast şi incredibil." În mod clar, de multă vreme avem nevoie de o nouă înţelegere despre noi înşine, despre locul nostru în cosmos şi despre viaţa din Marea Comunitate (universul fizic şi spiritual mai extins în care ne facem acum apariţia). Din fericire, *Aliaţii umanităţii* reprezintă o poartă către un ansamblu de învăţături şi practici spirituale surprinzător de substanţiale, care promite să inspire gradul necesar de maturitate a speciei prin intermediul unei perspective care nu are rădăcini în origini pământeşti sau antropocentrice, ci în tradiţii mai vechi, mai profunde şi mai universale.

În cele din urmă, mesajul din *Aliaţii umanităţii* contestă aproape toate noţiunile noastre fundamentale legate de realitate, oferindu-ne simultan cea mai mare oportunitate pentru progres şi cea mai mare provocare pentru supravieţuire. În vreme ce criza actuală ne ameninţă autodeterminarea ca specie, aceasta ar putea oferi, de asemenea, o temelie cu adevărat necesară în baza căreia să aducem unitate în rasa umană – un lucru aproape imposibil fără acest context mai larg. Prin perspectiva oferită în cartea *Aliaţii umanităţii* şi prin volumul mai cuprinzător de învăţături reprezentate de Summers, ne sunt date atât imperativul, cât şi inspiraţia de a ne uni într-o înţelegere mai profundă pentru a servi continua evoluţie a umanităţii.

◆

În raportul său pentru recenzia celor de la Time Magazine privind cele mai influente o sută de voci ale secolului al XX-lea, Peter Matthiessen a scris despre Rachel Carson, „Înainte să existe o mișcare pentru protecția mediului, a fost o singură femeie curajoasă și cartea ei foarte curajoasă." În câțiva ani, am putea spune același lucru despre Marshall Vian Summers: înainte să existe o mișcare umană pentru libertate care să se împotrivească Intervenției extraterestre, a fost un singur bărbat curajos și mesajul său foarte curajos, *Aliații umanității*. De această dată, fie ca răspunsul nostru să aibă loc mai rapid, mai hotărât și mai unit.

— Michael Brownlee
Jurnalist

Cartea *Aliații umanității* este prezentată cu scopul de a pregăti oamenii pentru o realitate cu totul nouă, în mare parte ascunsă și nerecunoscută pe pământ la ora actuală. Cartea oferă o perspectivă nouă, care le permite oamenilor să înfrunte cea mai mare provocare și oportunitate pe care noi, ca rasă, am întâlnit-o vreodată. Informările aliaților conțin mai multe declarații critice, dacă nu chiar alarmante, despre intervenția și integrarea extraterestră tot mai mare în rasa umană și despre activitățile extraterestre și planul lor ascuns. Scopul Informărilor aliaților nu este să ofere dovezi solide privind realitatea vizitei extratereștrilor în lumea noastră, o realitate deja bine documentată în multe alte cărți și jurnale de cercetare excelente pe acest subiect. Scopul Informărilor aliaților urmărește să aducă în discuție implicațiile dramatice și vaste ale acestui fenomen, să conteste tendințele și presupunerile noastre umane referitoare la acesta și să atenționeze familia umană în privința marelui prag pe care îl înfruntăm acum. Informările oferă o privire fugară asupra realității vieții inteligente din univers și tot ceea ce Contactul va însemna cu adevărat. Pentru mulți cititori, ce se dezvăluie în *Aliații umanității* va fi cu totul și cu totul nou. Pentru alții, va fi o confirmare a unor lucruri pe care le simt și pe care le știu de mult timp.

Deși această carte oferă un mesaj urgent, este vorba, de asemenea, de a face pași către o conștiință mai înaltă numită „Cunoaștere", care include o deprindere telepatică superioară între oameni și între rase. În acest sens, Informările aliaților i-au fost transmise autorului din partea unui grup multirasial și extraterestru de indivizi care se numesc „aliații umanității". Ei se descriu pe ei ca fiind ființe fizice din alte lumi, care s-au întrunit în sistemul nostru solar, în apropiere de Pământ, cu scopul de a observa comunicările și activitățile acelor rase străine care se află aici în lumea noastră și intervin în treburile umane. Ei scot în evidență faptul că ei înșiși nu sunt prezenți fizic în lumea noastră și oferă înțelepciunea necesară, nu tehnologie sau interveniri.

Informările aliaților i-au fost oferite autorului în decursul unei perioade de un an de zile. Ele aduc perspectivă și pătrundere într-un subiect complex care, în ciuda dovezilor tot mai multe de zeci de ani, continuă să îi uimească pe cercetători. Însă această perspectivă nu este romantică, speculativă sau idealistă în abordarea acestui subiect. Din contră, este extrem de realistă și fermă, până în punctul în care ar putea fi destul de provocatoare, chiar și pentru un cititor care este expert în acest subiect.

Așadar, pentru a primi ceea ce are de oferit această carte, este necesar să vă suspendați, măcar pentru un moment, multe dintre convingerile, presupunerile și întrebările pe

care le-ați putea avea în legătură cu acest Contact
extraterestru și chiar în legătură cu modul în care această
carte a fost primită. Cuprinsul cărții este ca un mesaj într-o
sticlă, trimisă aici de dincolo de granițele lumii. Așadar, nu ar
trebui să fim atât de preocupați de sticlă, ci de mesajul în
sine. Pentru a înțelege cu adevărat acest mesaj provocator,
trebuie să înfruntăm și să punem la îndoială multe din
presupunerile și tendințele predominante în privința
posibilității și a realității Contactului. Acestea includ:

- negare;
- așteptări pline de speranță;
- interpretarea greșită a dovezilor pentru a ne
  confirma convingerile;
- dorința și așteptarea salvării din partea
  „vizitatorilor";
- credința că tehnologia extraterestră ne va salva;
- sentimentul deznădăjduirii și al supunerii față de
  ceea ce presupunem că este o forță superioară;
- cererea dezvăluirii guvernamentale dar nu și
  dezvăluirea extratereștrilor;
- condamnarea conducătorilor umani și a instituțiilor
  umane în timp ce menținem acceptarea
  incontestabilă a „vizitatorilor";
- presupunerea faptului că dacă nu ne-au atacat sau
  invadat, trebuie să se afle aici pentru binele nostru;
- presupunerea faptului că tehnologia avansată
  înseamnă etici avansate și spiritualitate avansată;

– credința faptului că acest fenomen este un mister
când, de fapt, este un eveniment ce poate fi înțeles;
– credința faptului că extratereștrii au, într-un anume
fel, drepturi asupra umanității și asupra acestei
planete;
– și credința faptului că umanitatea este irecuperabilă
și că nu poate reuși pe cont propriu.

Informările aliaților contestă asemenea presupuneri și
tendințe și detronează multe dintre miturile pe care le avem
în momentul de față în privința celor ce ne vizitează și în
privința motivului pentru care se află aici.

Informările aliaților umanității ne oferă o perspectivă
superioară și o înțelegere mai profundă a destinului nostru
într-un peisaj mai cuprinzător al vieții inteligente din univers.
Pentru a reuși acest lucru, aliații nu i se adresează minții
noastre analitice, ci Cunoașterii, partea mai adâncă a ființei
noastre în care adevărul, oricât de încețoșat ar fi, poate fi
sesizat și experimentat în mod direct.

Aliații umanității Cartea întâi va ridica multe întrebări la
care va fi nevoie de mai multă cercetare și contemplare.
Cartea nu se concentrează pe indicarea vreunor nume, date
sau locuri, ci pe transmiterea unei perspective cu privire la
prezența extraterestră din lume și la viața din univers, o
perspectivă pe care noi, ca ființe umane, nu am putea-o avea
altfel. În vreme ce trăim tot în izolare pe suprafața lumii
noastre, nu putem încă să vedem și să cunoaștem ce se
petrece în ceea ce privește viața inteligentă de dincolo de
granițele noastre. Pentru a afla, avem nevoie de ajutor, un

gen de ajutor foarte extraordinar. Am putea să nu recunoaştem sau să nu acceptăm un asemenea ajutor la început. Însă este aici.

Scopul declarat al aliaţilor este să ne atragă atenţia asupra riscurilor create de apariţia într-o Comunitate Mare a vieţii inteligente şi să ne sprijine în trecerea cu succes peste acest prag major, în aşa fel încât libertatea, suveranitatea şi autodeterminarea umană să poată fi păstrate. Aliaţii sunt aici să ne sfătuiască în privinţa necesităţii ca umanitatea să-şi creeze propriile „Reguli de Angajare" în aceste vremuri fără precedent. Potrivit aliaţilor, dacă suntem înţelepţi, pregătiţi şi uniţi, vom putea să ne asumăm locul menit ca rasă matură şi liberă în Marea Comunitate.

◆

În perioada în care acest set de informări a avut loc, aliaţii au repetat anumite idei cheie pe care ei le consideră vitale pentru înţelegerea noastră. Noi am păstrat aceste reiterări în carte pentru a păstra intenţia şi integritatea comunicării lor. Din cauza naturii urgente a mesajului aliaţilor şi din cauza forţelor din lume care s-ar opune acestui mesaj, există o înţelepciune şi o necesitate în privinţa acestor repetiţii.

În urma publicării cărţii *Aliaţii umanităţii: Cartea întâi* în 2001, aliaţii au oferit un al doilea set de Informări cu scopul de a finaliza mesajul lor vital pentru umanitate. *Aliaţii umanităţii: Cartea a doua*, publicată în 2005, prezintă

informații noi uimitoare legate de interacțiunile dintre rase
din universul nostru local și de natura, scopul și cele mai
ascunse activități ale acelor rase care intervin în treburile
umane. Mulțumită acelor cititori care au simțit urgența
mesajului aliaților și care au tradus Informările în alte limbi,
există un grad de conștientizare globală tot mai ridicat
privind realitatea Intervenției.

Noi, cei de la Biblioteca New Knowledge, considerăm că
aceste două seturi de Informări conțin ceea ce ar putea fi
unul dintre cele mai importante mesaje comunicate pe
pământ la ora actuală. *Aliații umanității* nu este doar o altă
carte ce speculează despre fenomenul OZN sau despre
extratereștri. Reprezintă un mesaj autentic de transformare
îndreptat direct către țelul fundamental al Intervenției
extraterestre, cu scopul de a spori conștiența de care vom
avea nevoie pentru a înfrunta încercările și oportunitățile ce
ne așteaptă.

—BIBLIOTECA NEW KNOWLEDGE

Cine sunt
aliații umanității?

Aliații servesc umanitatea pentru că ei servesc redobândirea și exprimarea Cunoașterii pretutindeni în Marea Comunitate. Ei îi reprezintă pe cei înțelepți din multe lumi, care susțin un scop mai înalt în viață. Împreună, ei împărtășesc o Cunoaștere și o Înțelepciune superioară, ce pot fi transmise pe distanțe mari în spațiu și dincolo de toate granițele ce țin de rasă, cultură, temperament și mediu. Înțelepciunea lor este atotpătrunzătoare. Iscusința lor este remarcabilă. Prezența lor este ascunsă. Ei vă recunosc pentru că sunt conștienți de faptul că sunteți o rasă emergentă, ce își face apariția într-un mediu foarte dificil și foarte competitiv din Marea Comunitate.

◆

SPIRITUALITATEA DIN MAREA COMUNITATE
Capitolul 15: Cine servește umanitatea?

...Acum mai bine de douăzeci de ani, un grup de indivizi din mai multe lumi diferite s-a întrunit într-o locație discretă din sistemul nostru solar, în apropiere de Pământ, pentru a observa Intervenția extraterestră ce se desfășoară în lumea noastră. Din punctul lor de observare ascuns, au reușit să afle identitatea, organizarea și intențiile celor care ne vizitează lumea și să urmărească activitățile vizitatorilor.

Acest grup de observatori se numesc „aliații umanității".

Iată raportul lor.

Informările

◆

Prezența extraterestră aflată în lume în prezent

Este o mare onoare pentru noi să putem prezenta aceste informații tuturor celor care au norocul să afle despre acest mesaj. Noi suntem aliații umanității. Această transmisiune este posibilă datorită Celor Nevăzuți, îndrumătorii spirituali care veghează dezvoltarea vieții inteligente atât în lumea voastră, cât și în Marea Comunitate a lumilor.

Nu comunicăm prin niciun dispozitiv mecanic, ci printr-un canal spiritual care este lipsit de interferențe. Deși trăim în mediul fizic, ca și voi, ne e dat privilegiul de a comunica în acest fel cu scopul de a oferi informațiile pe care trebuie să vi le împărtășim.

Reprezentăm un grup mic care observă evenimentele lumii voastre. Venim din Marea Comunitate. Nu ne amestecăm în treburile umane. Nu avem nicio bază aici. Am fost trimiși cu un scop foarte specific – să fim martori la evenimentele care se petrec în lumea voastră și, având posibilitatea de a face acest lucru, să vă comunicăm ceea ce vedem și ceea ce știm. Căci voi trăiți pe suprafața lumii voastre și nu puteți vedea treburile care o înconjoară. Nici nu puteți vedea clar vizitarea ce are loc în lumea voastră în acest moment sau ce prevestește această vizitare privindu-vă viitorul.

Dorim să atestăm această realitate. Facem acest lucru la rugămintea Celor Nevăzuți, căci am fost trimiși cu acest scop. Informațiile pe care le vom împărtăși cu voi pot părea foarte dificile și înfiorătoare. Poate că sunt neașteptate de multe persoane care vor auzi acest mesaj. Noi înțelegem această dificultate, căci a trebuit să înfruntăm acest lucru în propriile noastre culturi.

Pe măsură ce auziți informațiile, ar putea fi greu de acceptat la început, dar ele sunt esențiale pentru toți cei care caută să aibă o contribuție în lume.

Observăm de mulți ani treburile lumii voastre. Nu căutăm nicio relație cu umanitatea. Nu suntem aici într-o misiune diplomatică. Am fost trimiși de Cei Nevăzuți să trăim în apropierea lumii voastre pentru a observa evenimentele pe care le vom descrie.

Numele noastre nu sunt importante. Nu ar însemna nimic pentru voi. Așa că pentru siguranța noastră nu le vom împărtăși, căci trebuie să rămânem ascunși pentru a putea servi.

Pentru început, este necesar ca oamenii de pretutindeni să înțeleagă faptul că umanitatea își face apariția într-o Comunitate Mare a vieții inteligente. Lumea voastră este

„vizitată" de mai multe rase extraterestre și de mai multe organizații diferite de rase. Această vizitare se desfășoară în mod activ de ceva timp. Au existat vizitări în istoria umană, dar nimic de asemenea anvergură. Apariția armelor nucleare și distrugerea mediului vostru natural au adus aceste forțe pe meleagurile voastre.

Înțelegem că există multe persoane în lumea de astăzi care încep să-și dea seama că vizitarea aceasta are loc. Înțelegem, de asemenea, că există multe interpretări privind această vizitare– ce ar putea să însemne și ce ar putea să ofere. Iar multe dintre persoanele care sunt conștiente de aceste lucruri sunt foarte optimiste și anticipează un beneficiu major pentru umanitate. Înțelegem. Este firesc să vă așteptați la acest lucru. E firesc să fiți optimiști.

Vizitarea este foarte extinsă acum în lumea voastră, atât de extinsă încât oamenii din toate părțile lumii îi sunt martori și îi experimentează efectele în mod direct. Ce i-a adus pe acești „vizitatori" din Marea Comunitate, aceste organizații diferite de ființe, nu este promovarea progresului umanității sau a educației spirituale a umanității. Au fost aduse pe meleagurile voastre, într-un număr atât de mare cu intenție așa puternică, de resursele lumii voastre.

Înțelegem că acest lucru poate fi greu de acceptat la început pentru că nu puteți încă aprecia cât de frumoasă e lumea voastră, cât de mult posedă ea și ce bijuterie rară este, într-o Comunitate Mare de lumi aride și spațiu gol. Lumile asemănătoare cu lumea voastră sunt cu adevărat rare. Majoritatea regiunilor din Marea Comunitate care sunt locuite acum au fost colonizate, iar acest lucru a fost posibil datorită tehnologiei. Însă lumile care se aseamănă cu lumea voastră, în care viața a evoluat natural, fără ajutorul tehnologiei, sunt mult mai rare decât vă puteți da probabil seama. Alții manifestă un interes deosebit față de aceste lumi, firește, căci resursele biologice ale lumii voastre sunt folosite de mai multe rase de milenii întregi. E considerată a fi un depozit de unele rase. Însă dezvoltarea culturii umane și a armelor periculoase și deteriorarea acestor resurse au cauzat Intervenția extraterestră.

Poate că vă întrebați de ce nu se depun eforturi diplomatice pentru a lua legătura cu liderii umanității. Este o întrebare rezonabilă, dar aici problema e că nu există nicio persoană care să reprezinte umanitatea, căci neamul vostru este divizat, iar popoarele voastre se opun unele față de celelalte. De asemenea, vizitatorii despre care vorbim presupun că sunteți războinici și agresivi și că ați cauza răni și ați aduce ostilitate în universul ce vă înconjoară, în ciuda calităților voastre bune.

Așadar, în discursul nostru vrem să vă faceți o idee despre ce se petrece, ce va însemna pentru umanitate și cum are legătură acest eveniment cu dezvoltarea voastră spirituală, cu dezvoltarea voastră socială și cu viitorul vostru în lume și în însăși Marea Comunitate a lumilor.

Oamenii sunt inconștienți de prezența forțelor extraterestre, inconștienți de prezența exploratorilor de resurse, de aceia care ar căuta o alianță cu umanitatea în propriul beneficiu. Poate că ar trebui să începem aici prin a vă oferi o imagine despre modul în care decurge viața dincolo de meleagurile voastre, căci nu ați călătorit în depărtări și nu puteți să vă dați seama de aceste lucruri voi înșivă.

Trăiți într-o parte a galaxiei care e destul de locuită. Nu toate părțile galaxiei sunt atât de locuite. Există regiuni mari neexplorate. Există multe rase ascunse. Comerțul dintre lumi se practică doar în anumite zone. Mediul în care vă veți face apariția este unul foarte competitiv. Nevoia pentru resurse este experimentată pretutindeni, iar multe societăți tehnologice și-au depășit resursele naturale din lumile lor și trebuie să se implice în comerț, să facă schimb și să călătorească pentru a obține ce au nevoie. Este o situație foarte complicată. S-au format multe alianțe și chiar apar conflicte.

Poate că, în acest punct, e necesar să realizați că Marea Comunitate în care vă faceți apariția este un mediu plin de dificultăți și încercări, însă îi aduce mari oportunități și mari posibilități umanității. Cu toate acestea, ca posibilitățile acestea și avantajele acestea să fie conștientizate, umanitatea trebuie să se pregătească și să ajungă să descopere cum arată viața în univers. Și trebuie să ajungă să înțeleagă ce înseamnă spiritualitatea într-o Comunitate Mare ce abundă de forme de viață inteligente.

Noi înțelegem din propria noastră istorie că acesta este cel mai mare prag pe care orice lume îl va înfrunta vreodată. Însă nu e ceva ce puteți plănui singuri. Nu este ceva ce puteți plănui pentru propriul viitor. Căci înseși forțele care ar aduce realitatea Marii Comunități aici sunt deja prezente în lume. Împrejurările le-au adus aici. Sunt aici.

Poate că asta vă dă o idee despre cum este viața dincolo de granițele voastre. Nu vrem să creăm o idee care să vă provoace teamă, dar e necesar pentru propria voastră bunăstare și pentru viitorul vostru să aveți o estimare onestă și să puteți ajunge să vedeți aceste lucruri clar.

Suntem de părere că nevoia de pregătire pentru viața din Marea Comunitate e cea mai mare nevoie care există în lumea voastră în prezent. Și totuși, din ceea ce observăm, oamenii sunt preocupați cu propriile treburi și cu propriile probleme din viețile lor de zi cu zi, inconștienți de marile forțe care le vor schimba destinul și care le vor afecta viitorul.

Forțele și grupurile care sunt aici la ora actuală reprezintă câteva alianțe diferite. Aceste alianțe diferite nu sunt unite între ele în eforturile lor. Fiecare alianță reprezintă câteva grupuri rasiale care colaborează cu scopul de a obține acces la resursele lumii voastre și de a menține acest acces. Aceste alianțe diferite, în esență, concurează între ele, deși nu sunt în război. Ele văd lumea voastră ca pe un premiu imens, ceva ce își doresc personal să obțină.

Acest lucru creează o dificultate foarte mare pentru popoarele voastre, căci forțele care vă vizitează nu numai că au tehnologie avansată, ci, de asemenea, coeziune socială puternică și pot să influențeze gândurile în mediul mental. Vedeți voi, în Marea Comunitate, tehnologia se obține ușor, așa că marele avantaj dintre societățile concurente este abilitatea de a influența gândurile. Această abilitate a dus la demonstrări foarte sofisticate. Reprezintă un set de capacități pe care umanitatea abia începe să îl descopere. În consecință, vizitatorii voștri nu vin înarmați cu arme puternice sau cu armate sau cu flote de nave. Ei vin în grupuri relativ mici, dar posedă capacități considerabile în influențarea persoanelor. Aceste capacități reprezintă o întrebuințare mai sofisticată și mai matură a puterii în Marea Comunitate. Aceasta este abilitatea pe care umanitatea va trebui să o cultive în viitor dacă are de gând să rivalizeze cu alte rase cu succes.

Vizitatorii sunt aici să obțină devotarea umanității. Ei nu vor să distrugă așezările umane sau prezența umană. În schimb, își doresc să le folosească în propriul beneficiu. Intenția lor este utilizarea, nu distrugerea. Se simt îndreptățiți pentru că ei cred că salvează lumea. Unii chiar cred că salvează umanitatea de ea însăși. Dar perspectiva aceasta nu servește intereselor voastre superioare, nici nu încurajează înțelepciune sau autodeterminare în familia umană.

Însă datorită faptului că există forțe ale binelui în Marea Comunitate a lumilor, voi aveți aliați. Noi reprezentăm vocea aliaților voștri, aliații umanității. Nu suntem aici să vă folosim resursele sau să vă luăm ce posedați. Nu căutăm să transformăm umanitatea într-un stat client sau într-o colonie în folosul nostru personal. În schimb, ne dorim să răspândim tărie și înțelepciune în umanitate pentru că sprijinim aceste lucruri pretutindeni în Marea Comunitate.

Rolul nostru, deci, e destul de esențial, iar informațiile noastre sunt foarte necesare pentru că în acest moment, chiar și persoanele care sunt conștiente de prezența vizitatorilor nu sunt conștiente încă de intențiile lor. Oamenii nu înțeleg metodele vizitatorilor. Și ei nu înțeleg etica sau moralitatea vizitatorilor. Oamenii cred că vizitatorii sunt fie îngeri, fie monștri. Dar în realitate, sunt foarte asemănători cu voi în nevoile lor. Dacă ați putea privi lumea prin ochii lor, le-ați înțelege conștiința și motivația. Dar să faceți lucrul acesta presupune să vă aventurați dincolo de propria conștiință și motivație.

Vizitatorii sunt implicați în patru activități fundamentale cu scopul de a căpăta influență în lumea voastră. Fiecare dintre aceste activități este unică, dar ele sunt toate coordonate simultan. Sunt săvârșite pentru că umanitatea e studiată de multă vreme. Gândirea umană, comportamentul uman, fiziologia umană și religia umană sunt studiate de ceva timp. Acestea sunt bine înțelese de vizitatorii voștri și vor fi folosite în propriile lor scopuri.

Prima sferă de activitate a vizitatorilor constă în influențarea persoanelor în structurile de putere și autoritate. Având în vedere că vizitatorii nu vor să distrugă nimic în lume sau să strice resursele lumii, ei caută să câștige influență asupra persoanelor pe care le percep ca fiind în poziții de putere, mai ales în cadrul guvernelor și în cadrul religiilor. Ei caută contact, dar numai cu anumiți indivizi. Au puterea să realizeze acest contact și au puterea capacității de convingere. Nu toate persoanele cu care iau

legătura vor fi convinse, dar multe vor fi. Garantarea unei
puteri mai mari, a unor tehnologii superioare și a dominației
asupra lumii vor intriga și incita multe persoane. Iar acestea
sunt persoanele cu care vizitatorii vor căuta să stabilească o
legătură.

Există foarte puțini oameni în guvernele lumii care sunt
afectați astfel, dar numărul lor este în creștere. Vizitatorii
înțeleg ierarhia puterii pentru că ei înșiși trăiesc după legile
puterii, urmându-și propriul lanț ierarhic de conducere, ați
putea spune. Sunt extrem de organizați și foarte concentrați
în eforturile lor, iar ideea de a avea culturi pline de persoane
ce gândesc liber le este în mare parte străină. Ei nu pricep
sau nu înțeleg libertatea individuală. Se aseamănă cu multe
societăți avansate tehnologic din Marea Comunitate care
funcționează atât în cadrul lumilor lor respective, cât și în
bazele lor peste întinderi vaste ale spațiului, utilizând o
formă de guvernământ și organizare foarte bine întemeiată și
foarte rigidă. Vizitatorii cred că umanitatea este haotică și
dezordonată și au senzația că instituie ordinea într-o situație
pe care ei înșiși nu o pot cuprinde. Libertatea individuală le
este necunoscută, iar ei nu-i văd valoarea. În consecință, ceea
ce caută să întemeieze în lume nu va onora această libertate.

Așadar, prima sferă a inițiativei lor reprezintă stabilirea
unor punți de legătură cu persoane aflate în poziții de putere
și influență pentru a le câștiga loialitatea și pentru a-i
convinge de aspectele benefice ale unei relații și ale unui scop
comun.

A doua formă de activitate, care poate este cel mai dificil de luat în considerare din perspectiva voastră, este manipularea valorilor și impulsurilor religioase. Vizitatorii înțeleg că cele mai mari abilități ale umanității îi reprezintă și cea mai mare slăbiciune. Dorința adâncă a oamenilor de mântuire individuală reprezintă una dintre cele mai mari însușiri pe care familia umană le are de oferit, chiar și pentru Marea Comunitate. Dar este și slăbiciunea voastră. Iar aceste impulsuri și valori vor fi folosite.

Câteva grupuri din rândul vizitatorilor își doresc să devină agenți spirituali pentru că ele știu cum să vorbească în mediul mental. Aceste grupuri le pot comunica oamenilor direct și, din nefericire, din cauza faptului că sunt foarte puțini oameni în lume care pot sesiza diferența dintre o voce spirituală și vocea vizitatorilor, situația devine foarte dificilă.

Așadar, a doua sferă de activitate vizează câștigarea supunerii oamenilor prin motivațiile lor religioase și spirituale. De fapt, acest lucru poate fi făcut destul de ușor pentru că umanitatea nu este încă puternică sau dezvoltată în mediul mental. Le este greu oamenilor să sesizeze de unde vin aceste impulsuri. Mulți oameni vor să i se ofere oricărui lucru care, cred ei, are o voce superioară și o putere superioară. Vizitatorii voștri pot proiecta imagini – imagini cu sfinții voștri, cu învățătorii voștri, cu îngeri – imagini care sunt prețuite și sfinte în lumea voastră. Ei și-au cultivat această abilitate pe parcursul multor, multor secole de încercări de a se influența unii pe alții și prin învățarea căilor de convingere care sunt practicate în multe locuri în Marea

Comunitate. Vă consideră primitivi, iar astfel consideră că își pot exercita această influență și că pot folosi aceste metode pe voi.

În contextul acesta, există tentativa de a lua legătura cu acele persoane care sunt considerate a fi sensibile, receptive și predispuse în mod natural să coopereze. Mulți oameni vor fi selecționați, însă puțini vor fi aleși pe baza acestor calități particulare. Vizitatorii voștri vor căuta să câștige loialitatea acestor persoane, să le câștige încrederea și dedicarea, spunându-le destinatarilor că vizitatorii sunt aici să înalțe umanitatea din punct de vedere spiritual, să îi dea umanității o nouă speranță, noi binecuvântări și o nouă putere – promițând chiar lucrurile pe care oamenii le vor atât de mult, dar pe care încă nu le-au găsit. Poate vă întrebați, „Cum poate să se întâmple așa ceva?" Dar vă putem asigura că nu este dificil odată ce capeți aceste capacități și abilități.

Aici se depune efortul de a pacifica și a reeduca oamenii prin convingere spirituală. Acest „Program de Pacificare" este folosit în mod diferit cu grupuri religioase diferite, în funcție de idealurile și temperamentul lor. Este întotdeauna țintit către persoanele receptive. Aici se speră că oamenii își vor pierde simțul discernământului și că vor deveni complet încrezători în puterea superioară pe care au impresia că le-o oferă vizitatorii. Odată ce se creează supunerea aceasta, devine tot mai dificil pentru oameni să facă diferența între ceea ce știu în sinea lor și ce li se spune. Este o formă de convingere și manipulare foarte subtilă, dar foarte pătrunzătoare. Vom mai vorbi despre acest program pe parcurs.

Acum să vorbim despre a treia sferă de activitate, care urmărește stabilirea în lume a prezenței vizitatorilor și obișnuirea oamenilor cu această prezență. Ei vor ca umanitatea să se aclimatizeze la această schimbare foarte mare care are loc printre voi – să ajungeți aclimatizați la prezența fizică a vizitatorilor și la efectul lor asupra propriului vostru mediu mental. În acest scop, își vor crea baze aici, deși nu la vedere. Aceste baze vor fi ascunse, dar vor fi foarte puternice în influențarea populațiilor umane care se află în apropierea lor. Vizitatorii vor avea multă grijă și răbdare să se asigure că aceste baze sunt eficace și că destui oameni le sunt loiali. Acești oameni vor păzi și vor ocroti prezența vizitatorilor.

Exact asta se petrece în lumea voastră în acest moment. Reprezintă o mare încercare și, din nefericire, un mare risc. Același lucru pe care-l descriem s-a întâmplat foarte des în foarte multe locuri din Marea Comunitate. Iar rasele emergente, cum este și rasa voastră, sunt mereu cele mai vulnerabile. Unele rase emergente reușesc să-și creeze propria conștientizare și abilitate și să coopereze până în punctul în care pot să contracareze influențele exterioare ca acestea și să-și creeze o prezență și o poziție în Marea Comunitate. Însă multe rase, înainte să poată măcar să ajungă la această libertate, cad sub controlul și influența puterilor străine.

Noi înțelegem că aceste informații ar putea să provoace teamă considerabilă și poate negare și confuzie. Dar pe măsură ce observăm evenimentele, ne dăm seama că sunt foarte puțini oameni care sunt conștienți de situație așa cum există în realitate. Chiar și acei oameni care devin conștienți de prezența forțelor extraterestre nu sunt în măsură și nu au perspectiva din care să poată vedea situația clar. Iar, fiind mereu plini de speranță și optimism, ei încearcă să-i atribuie acestui mare fenomen o semnificație cât mai pozitivă.

Cu toate acestea, Marea Comunitate este un mediu competitiv, un mediu dificil. Cei care se implică în călătorii în spațiu nu îi reprezintă neapărat pe cei avansați spiritual, căci cei care sunt avansați spiritual caută să se izoleze de Marea Comunitate. Nu caută comerț. Nu caută să influențeze alte rase sau să se implice în șirul foarte complex de relații care se creează în numele comerțului si al avantajelor reciproce. În schimb, cei avansați spiritual caută să rămână ascunși.

Poate că aceasta este o înțelegere foarte diferită, însă una necesară ca voi să ajungeți să cuprindeți situația foarte dificilă cu care umanitatea se confruntă. Totuși, această situație dificilă deține mari posibilități. Am vrea să vorbim despre aceste posibilități acum.

În ciuda gravității situației pe care o descriem, nu suntem de părere că aceste împrejurări ar fi o tragedie pentru umanitate. Dimpotrivă, dacă aceste împrejurări pot fi conștientizate și înțelese, iar dacă pregătirea pentru Marea Comunitate, care acum există în lume, poate fi urmată, studiată și aplicată, atunci oamenii de pretutindeni de cuget bun vor putea dobândi Cunoaștere și Înțelepciune din Marea Comunitate. Astfel, oamenii de pretutindeni vor putea să descopere temeiul cooperării în așa fel încât familia umană să-și poată crea, în sfârșit, o unitate cum nu s-a mai întâlnit aici. Căci va trebui să fiți puși în umbră de Marea Comunitate pentru a uni umanitatea. Iar această umbrire are loc acum.

Apariția într-o Comunitate Mare a vieții inteligente este evoluția voastră. Se va întâmpla fie că sunteți pregătiți sau nu. Trebuie să aibă loc. Pregătirea, deci, devine cheia. Înțelegere și claritate – iată lucrurile care sunt necesare și de care e nevoie în lumea voastră în acest moment.

Oamenii de pretutindeni au mari daruri spirituale care le pot permite să vadă și să cunoască în mod limpede. Aceste daruri sunt necesare acum. Ele trebuie să fie conștientizate, întrebuințate și împărtășite cu ceilalți. Nu depinde numai de vreun mare învățător sau vreun mare sfânt din lumea voastră să facă aceste lucruri. Ele trebuie cultivate de mult mai mulți oameni acum. Căci situația aduce cu sine necesitate, iar dacă necesitatea poate fi acceptată, aduce cu sine mari oportunități.

Însă, cerințele pentru a învăța despre Marea Comunitate și pentru a începe să experimentați Spiritualitatea din Marea Comunitate sunt imense. Niciodată nu a fost nevoie ca ființele umane să învețe astfel de lucruri într-o perioadă atât de scurtă de timp. Într-adevăr, asemenea lucruri au fost rareori învățate de cineva din lumea voastră. Dar acum nevoia s-a schimbat. Împrejurările sunt diferite. Acum există noi influențe printre voi, influențe pe care le puteți simți și pe care le puteți cunoaște.

Vizitatorii caută să-i împiedice pe oameni să aibă această viziune și această Cunoaștere în sinea lor, căci vizitatorii voștri nu o au în sinea lor. Ei nu-i văd valoarea. Ei nu-i înțeleg realitatea. În acest sens, umanitatea în ansamblul ei este mai avansată decât ei. Dar acest lucru e numai un potențial, un potențial care trebuie cultivat acum.

Prezența extraterestră aflată în lume crește. Crește în fiecare zi, în fiecare an. Mult mai mulți oameni cad sub puterea acesteia de convingere, pierzându-și abilitatea de a cunoaște, devenind confuzi și distrași, crezând în lucruri care n-ar putea decât să-i slăbească și să-i facă neputincioși în fața acelora care ar căuta să îi folosească în propriile scopuri.

Umanitatea e o rasă emergentă. Este vulnerabilă. Acum înfruntă un set de împrejurări și influențe pe care nu a trebuit să le înfrunte niciodată. Ați evoluat numai pentru a concura între voi. Nu a trebuit să concurați niciodată cu alte forme de viață inteligente. Însă dacă situația poate fi văzută și înțeleasă clar, chiar această concurență vă va întări și va da naștere celor mai mari atribute ale voastre.

Rolul Celor Nevăzuți este acela de a cultiva această tărie. Cei Nevăzuți, pe care i-ați numi pe bună dreptate îngeri, nu-i vorbesc numai inimii umane ci inimilor de pretutindeni care sunt capabile să asculte și care au căpătat libertatea de a asculta.

Noi venim, deci, cu un mesaj dificil, însă unul promițător și plin de speranță. Poate că nu este mesajul pe care oamenii vor să-l audă. Cu siguranță nu e mesajul pe care vizitatorii l-ar promova. Este un mesaj care poate fi împărtășit de la persoană la persoană și va fi împărtășit pentru că e firesc să faceți asta. Însă vizitatorii și cei care au ajuns sub puterea lor de convingere se vor opune unei astfel de conștiențe. Ei nu vor să vadă o umanitate independentă. Nu acesta e scopul lor. Ei nici măcar nu cred că este benefic. Așadar, e dorința noastră sinceră ca aceste lucruri să fie luate în considerare nu cu trepidație, ci cu o minte serioasă și cu o grijă adâncă, care sunt bine justificate aici.

Înțelegem că sunt multe persoane în lume în prezent care simt că se apropie o schimbare majoră pentru umanitate. Cei Nevăzuți ne-au spus aceste lucruri. Multe cauze îi sunt atribuite acestei senzații de schimbare. Și multe rezultate sunt prezise. Însă până nu puteți începe să cuprindeți realitatea faptului că umanitatea își face apariția într-o Comunitate Mare a vieții inteligente, încă nu aveți contextul potrivit să înțelegeți destinul umanității sau marea schimbare care are loc pe pământ.

Din perspectiva noastră, persoanele sunt născute la vremea lor pentru a servi acele vremuri. Iată o învățătură cuprinsă în Spiritualitatea din Marea Comunitate, o învățătură căreia și noi îi suntem studenți. Predă libertate și puterea scopului împărtășit. Îi acordă autoritate individului și individului care se poate alătura altora – idei care sunt rareori acceptate sau adoptate în Marea Comunitate, căci Marea Comunitate nu reprezintă starea cerească. Este o realitate fizică cu rigorile supraviețuirii și tot ceea ce implică această supraviețuire. Toate ființele din cadrul acestei realități trebuie să se confrunte cu aceste nevoi și probleme. Iar în acest sens, vizitatorii voștri vă seamănă mai mult decât realizați. Ei nu sunt de necuprins. Ar căuta să fie de necuprins, dar pot fi înțeleși. Aveți puterea să faceți asta, dar trebuie să vedeți limpede. Trebuie să pătrundeți cu o viziune superioară și să cunoașteți cu o inteligență superioară, pe care aveți posibilitatea să o cultivați în sinea voastră.

Este necesar să vorbim acum mai multe despre cea de-a doua sferă de influență și convingere pentru că această sferă are mare importanță și ne dorim în mod sincer să înțelegeți aceste lucruri și să le luați în considerare voi înșivă.

Religiile lumii dețin cheia dedicării umane și supunerii umane, mai mult decât guvernele, mai mult decât orice altă instituție. Acest aspect e admirabil la rasa umană pentru că religiile ce seamănă cu ale voastre sunt deseori greu de găsit în Marea Comunitate. Lumea voastră este bogată în această privință, dar tăria voastră e, în același timp, locul în care sunteți slabi și vulnerabili. Mulți oameni vor să fie călăuziți și aleși în mod divin, să-și ofere frâiele propriilor vieți și să fie îndrumați, sfătuiți și ocrotiți de o putere spirituală superioară. Aceasta este o dorință autentică, dar în contextul Marii Comunități, trebuie cultivată înțelepciune considerabilă ca această dorință să fie împlinită. E foarte trist pentru noi să vedem cum oamenii își vor da autoritatea atât de ușor – ceva ce nici măcar nu au avut în totalitate, o vor oferi de bună voie acelora care le sunt necunoscuți.

Acest mesaj este menit să ajungă la oameni care au o afinitate spirituală superioară. Așadar, e necesar să elaborăm pe acest subiect. Noi promovăm o spiritualitate care este predată în Marea Comunitate, nu spiritualitatea guvernată de națiuni, guverne sau alianțe politice, ci o spiritualitate naturală – abilitatea de a cunoaște, de a pătrunde și de a acționa. Și totuși această abilitate nu este scoasă în evidență de vizitatorii voștri. Ei caută să-i facă pe oameni să creadă că vizitatorii sunt familia lor, că vizitatorii sunt căminul lor, că vizitatorii sunt frații și surorile lor, mamele și tații lor. Mulți oameni vor să creadă, iar astfel, ei cred. Oamenii vor să-și predea autoritatea personală, iar astfel, este predată. Oamenii vor să vadă prieteni și salvare în vizitatori, iar astfel, asta e ceea ce li se arată.

Va fi nevoie de mare sobrietate și obiectivitate pentru a pătrunde aceste înșelăciuni și aceste dificultăți. Va fi necesar ca oamenii să facă asta dacă umanitatea are de gând să-și facă apariția cu succes în Marea Comunitate și să-și mențină libertatea și autodeterminarea într-un mediu cu influențe mai mari și cu forțe mai mari. În acest sens, s-ar putea pune stăpânire pe lumea voastră fără să se tragă un glonț, căci violența e considerată primitivă și crudă și este rareori întrebuințată în astfel de chestiuni.

Poate că veți întreba, „Asta înseamnă că există o invazie a lumii noastre?” Trebuie să spunem că răspunsul la această întrebare este „da”, o invazie de cel mai subtil fel. Dacă puteți să întrețineți aceste gânduri și să le luați serios în considerare, veți putea să vedeți aceste lucruri singuri.

Semnele acestei invazii sunt pretutindeni. Puteți vedea cum abilitatea umană e contracarată de dorința de fericire, pace și securitate, cum viziunea și abilitatea oamenilor de a cunoaște sunt împiedicate de influențe chiar din cadrul propriei lor culturi. Mult mai puternice vor fi aceste influențe în mediul din Marea Comunitate.

Acesta este mesajul dificil pe care trebuie să-l prezentăm. Acesta este mesajul care trebuie spus, adevărul care trebuie vorbit, adevărul care e vital și care nu poate aștepta. Este atât de necesar pentru oameni acum să dobândească o Cunoaștere superioară, o Înțelepciune superioară și o Spiritualitate superioară astfel încât să-și poată găsi adevăratele abilități și să le poată folosi în mod eficient.

Libertatea voastră este în joc. Viitorul lumii voastre este în joc. Datorită acestor lucruri am fost trimiși aici să vorbim în numele aliaților umanității. Există aceia în univers care țin în viață Cunoașterea și Înțelepciunea și care practică o Spiritualitate de nivelul Marii Comunități. Ei nu călătoresc peste tot, proiectând influențe asupra diferitelor lumi. Ei nu iau persoane împotriva voinței lor. Nu vă fură animalele și plantele. Nu proiectează influențe asupra guvernelor voastre. Nu caută să se reproducă cu umanitatea ca să creeze o nouă conducere aici. Aliații voștri nu caută să intervină în treburi umane. Nu caută să manipuleze destinul uman. Ei privesc de departe și trimit emisari așa ca noi, cu riscuri majore pentru noi, să ofere sfaturi și încurajare și să clarifice lucrurile când acest lucru devine necesar. Noi, așadar, venim în pace cu un mesaj vital.

Acum trebuie să vorbim despre a patra sferă în care vizitatorii voștri caută să se întemeieze, iar aceea este prin încrucișare (hibridizare). Ei nu pot trăi în mediul vostru. Au nevoie de rezistența voastră fizică. Au nevoie de afinitatea voastră naturală la planetă. Au nevoie de abilitățile voastre de reproducere. Vor, de asemenea, să creeze o legătură cu voi pentru că ei înțeleg că această legătură creează loialitate. Activitatea aceasta, într-un fel, le înrădăcinează prezența aici pentru că urmașii unui asemenea program vor avea rude de sânge în lume și totuși vor fi loiali față de vizitatori. Poate că lucrul acesta sună incredibil, însă este foarte real.

Vizitatorii nu sunt aici să vă ia abilitățile de reproducere. Sunt aici să-și creeze rădăcini. Vor ca umanitatea să creadă în ei și să-i servească. Vor ca umanitatea să muncească pentru ei. Vor promite orice, vor oferi orice și vor face orice pentru realizarea acestui scop. Însă, deși puterea lor de convingere este mare, numărul lor e mic. Dar influența lor crește și programul lor de hibridizare, care se desfășoară de câteva generații, va fi eficient în cele din urmă. Vor exista ființe umane de-o inteligență superioară dar care nu reprezintă familia umană. Astfel de lucruri sunt posibile și au avut loc de nenumărate ori în Marea Comunitate. Trebuie numai să vă uitați la propria voastră istorie pentru a vedea impactul culturilor și al raselor una asupra alteia și pentru a vedea cât de dominante și cât de influente pot fi aceste interacțiuni.

Astfel, aducem cu noi vești importante, vești serioase. Dar trebuie să prindeți curaj, căci acestea nu sunt vremuri pentru ambivalență. Nu sunt vremuri pentru a căuta scăpare.

Nu sunt vremuri în care să vă preocupați cu propria fericire.
Sunt vremuri pentru a contribui la această lume, pentru a
întări familia umană și pentru a invoca acele abilități naturale
care există în oameni – abilitatea de a pătrunde, de a
cunoaște și de a acționa în armonie reciprocă. Aceste abilități
pot contracara influența concentrată asupra umanității în
acest moment, dar aceste abilități trebuie să crească și să fie
împărtășite. Este de maximă importanță.

Iată sfaturile noastre. Vin cu intenții bune. Fiți bucuroși
că aveți aliați în Marea Comunitate, căci veți avea nevoie de
aliați. Pășiți într-un univers vast, plin de forțe și influențe pe
care nu ați învățat cum să le contracarați încă. Pășiți pe o
scenă a vieții mai mare. Și trebuie să vă pregătiți pentru asta.
Cuvintele noastre sunt doar o parte din pregătire. O pregătire
e trimisă în lume acum. Nu vine de la noi. Vine de la
Creatorul tuturor formelor de viață. Vine exact la momentul
potrivit. Căci a sosit timpul ca umanitatea să devină
puternică și înțeleaptă. Aveți abilitatea de a reuși lucrul
acesta. Iar evenimentele și împrejurările vieților voastre
creează o nevoie majoră pentru lucrul acesta.

Contestarea libertății umane

Umanitatea se apropie de o perioadă foarte periculoasă și foarte importantă în dezvoltarea ei colectivă. Vă aflați în pragul apariției într-o Comunitate Mare a vieții inteligente. Veți întâlni alte rase de ființe care vin în lumea voastră căutând să-și apere interesele și să descopere ce oportunități ar putea să le aștepte. Ele nu sunt îngeri sau ființe angelice. Nu sunt entități spirituale. Sunt ființe care vin în lumea voastră pentru resurse, pentru alianțe și pentru a căpăta un avantaj într-o lume emergentă. Ele nu sunt demonice. Nu sunt sfinte. În acest sens, ele vă seamănă, de altfel, destul de mult. Sunt pur și simplu conduse de nevoile lor, de asocierile lor, de credințele lor și de scopurile lor colective.

Acestea sunt vremuri de-o importanță majoră pentru umanitate, dar umanitatea nu este pregătită. Din perspectiva noastră, putem vedea acest lucru la scară mai largă. Noi nu ne implicăm în viețile zilnice ale indivizilor din lume. Nu încercăm să convingem guverne sau să punem stăpânire pe anumite părți ale lumii sau pe anumite resurse care există în acele locuri. În schimb, observăm și vrem să vă aducem la cunoștință ceea ce observăm, căci ne aflăm aici cu misiunea aceasta.

Cei Nevăzuți ne-au spus că există mulți oameni în prezent care simt un disconfort straniu, o senzație de urgență vagă, un sentiment că ceva se va întâmpla și că ceva trebuie făcut. Poate că nu există nimic în cadrul sferei lor zilnice de experiențe care să justifice aceste sentimente mai adânci, care să confirme importanța acestor sentimente, sau care să dea substanță expresiei lor. Putem înțelege acest lucru pentru că noi înșine am trecut prin lucruri similare în propriile istorii. Noi reprezentăm câteva rase unite în mica noastră alianță pentru a sprijini apariția Cunoașterii și Înțelepciunii în univers, în mod special la rase care sunt în pragul apariției în Marea Comunitate. Aceste rase emergente sunt vulnerabile mai ales la influență și manipulare străină. Sunt vulnerabile mai ales la înțelegerea greșită a situației lor și pe bună dreptate, căci cum ar putea ele să cuprindă înțelesul și complexitatea vieții din Marea Comunitate? De aceea ne dorim să ne jucăm micul rol în pregătirea și în educarea umanității.

În primul nostru discurs, noi am oferit o descriere largă a amestecului vizitatorilor în patru sfere. Prima sferă reprezintă influența asupra oamenilor importanți în poziții de putere din guverne și de la conducerea instituțiilor religioase. A doua sferă de influență este asupra oamenilor care au o înclinație spirituală și care-și doresc să se deschidă la puterile mai înalte care există în univers. A treia sferă de interes urmărește construirea în lume a unor baze în locații strategice, lângă centrele populate, din care poate fi exercitată influența lor asupra mediului mental. Iar în final, am vorbit despre programul lor de încrucișare cu umanitatea, un program care se desfășoară de o bună perioadă de timp.

Noi înțelegem cât de tulburătoare ar putea fi aceste vești și poate cât de dezamăgitoare ar putea fi pentru mulți oameni care au avut mari speranțe și așteptări privind faptul că vizitatorii de dincolo ar aduce binecuvântări și mari beneficii pentru umanitate. Poate că este firesc să presupuneți și să vă așteptați la aceste lucruri, dar Marea Comunitate în care umanitatea își face apariția e un mediu dificil și competitiv, în special în regiunile din univers în care multe rase diferite concurează între ele și interacționează în interese comerciale. Lumea voastră există într-o astfel de regiune. Acest lucru ar putea să pară incredibil pentru voi din cauza faptului că a părut mereu că ați trăit în izolare, singuri în pustietatea vastă a spațiului. Dar, în mod real, trăiți într-o parte locuită a universului în care comerțul a fost întemeiat și în care tradițiile, interacțiunile și asocierile sunt toate foarte vechi. Iar în beneficiul vostru, trăiți într-o lume frumoasă, o lume de-o diversitate biologică mare, un loc splendid în contrast cu asprimea atât de multor altor lumi.

Însă acest aspect vă face și situația foarte urgentă și reprezintă un risc autentic, căci voi posedați ceea ce mulți alții vor pentru ei înșiși. Ei nu caută să vă distrugă ci să vă câştige loialitatea şi alianţa astfel încât existenţa voastră în lume şi activităţile voastre să poată fi în beneficiul lor. Vă faceţi apariţia într-un set de împrejurări matur şi complicat. În această situaţie, nu puteţi fi precum copiii mici şi să credeţi şi să speraţi la binecuvântările tuturor celor pe care i-aţi putea întâlni. Trebuie să deveniţi înţelepţi şi pătrunzători, aşa cum şi noi, de-a lungul istoriilor noastre dificile, a trebuit să devenim înţelepţi şi pătrunzători. Umanitatea va trebui să descopere acum firea lucrurilor în Marea Comunitate, să afle despre complicaţiile interacţiunii dintre rase, despre complexitatea comerţului şi despre manipulările subtile ale asocierilor şi alianţelor care se creează între lumi. Sunt vremuri dificile dar importante pentru umanitate, vremuri foarte promiţătoare dacă adevărata pregătire poate fi întreprinsă.

În acesta, al doilea discurs al nostru, am vrea să vorbim în mai multe detalii despre intervenţia în treburile umane a diverselor grupuri de vizitatori, despre ce ar putea să însemne această situaţie pentru voi şi ce va fi necesar. Noi nu venim să provocăm teamă ci să evocăm un simţ de responsabilitate, să dăm naştere unui nivel de conştienţă superior şi să încurajăm pregătirea pentru viaţa în care păşiţi, o viaţă de proporţii mai mari dar şi o viaţă cu probleme şi dificultăţi mai mari.

Am fost trimişi aici prin puterea şi prezenţa spirituală a Celor Nevăzuţi. Poate că vă veţi gândi la ei într-un fel prietenos ca fiind îngeri, dar în Marea Comunitate rolul lor este mai înalt iar implicarea şi alianţele lor sunt adânci şi

pătrunzătoare. Puterea lor spirituală este aici să
binecuvânteze ființele conștiente din toate lumile și din toate
locurile și să promoveze dezvoltarea profundei Cunoașteri și
Înțelepciuni care va face posibilă apariția pașnică a relațiilor,
atât între lumi cât și în lumi. Ne aflăm aici în numele lor. Ne-
au cerut să venim. De asemenea, ne-au oferit o bună parte
din informațiile pe care le avem, informații pe care noi nu le-
am putea strânge. De la ei am învățat multe lucruri despre
natura voastră. Am învățat multe lucruri despre abilitățile
voastre, punctele voastre tari, punctele voastre slabe și
despre marea voastră vulnerabilitate. Putem cuprinde aceste
lucruri pentru că lumile din care am venit au trecut prin
acest prag major al apariției în Marea Comunitate. Am
învățat multe și am suferit mult din cauza propriilor noastre
greșeli, greșeli pe care sperăm că umanitatea le va evita.

Venim, așadar, nu numai cu propria noastră experiență,
ci cu un nivel mai adânc de conștiență și un sentiment mai
adânc al scopului care ne-a fost oferit de Cei Nevăzuți. Vă
observăm lumea dintr-o locație apropiată și monitorizăm
comunicațiile acelora care vă vizitează. Știm cine sunt ei.
Știm de unde vin și de ce se află aici. Noi nu concurăm cu ei,
căci nu suntem aici să exploatăm planeta. Considerăm că
suntem aliații umanității și sperăm că ne veți considera, în
timp, ca atare, căci astfel suntem. Și deși nu putem să
dovedim acest lucru, sperăm să demonstrăm asta prin
cuvintele noastre și prin înțelepciunea sfaturilor noastre.
Sperăm să vă pregătim pentru ce urmează. Venim în
misiunea noastră cu un sentiment de urgență, căci

umanitatea este foarte în urmă în pregătirea ei pentru Marea Comunitate. Multe încercări timpurii cu câteva decenii în urmă de a intra în contact cu ființele umane și de a pregăti ființele umane pentru viitorul lor s-au dovedit a fi fără succes. Numai la câteva persoane s-a putut ajunge iar, așa cum ni s-a spus, multe dintre aceste contacte au fost interpretate greșit și au fost folosite de alții în diferite scopuri.

Așadar, am fost trimiși în locul celor care au venit înaintea noastră să-i oferim ajutor umanității. Lucrăm împreună în cauza noastră unită. Noi nu reprezentăm o mare putere militară ci mai mult o alianță secretă și sfântă. Nu vrem să vedem genul de treburi care există în Marea Comunitate comise aici în lumea voastră. Nu vrem să vedem cum umanitatea își pierde libertatea și autodeterminarea. Acestea sunt riscuri reale. Din acest motiv, vă încurajăm să luați în considerare cuvintele noastre în mod temeinic, fără teamă, dacă acest lucru este posibil, și cu genul de credință și hotărâre ce știm că se află în toate inimile umane.

Astăzi și mâine și poimâine, multe activități sunt în curs de desfășurare și vor fi în curs de desfășurare pentru a crea o rețea de influență asupra rasei umane de către aceia care vizitează lumea în scopuri proprii. Ei sunt de părere că vin aici pentru a salva planeta de umanitate. Unii chiar cred că sunt aici să salveze umanitatea de ea însăși. Se simt îndreptățiți din punct de vedere moral și nu consideră că acțiunile lor sunt nepotrivite sau lipsite de etică. Potrivit eticii lor, ei fac ceea ce se consideră a fi rezonabil și important.

Însă, în fața tuturor ființelor care iubesc libertatea, o asemenea abordare nu poate fi justificată.

Noi observăm activitățile vizitatorilor, care sunt în creștere. În fiecare an, sunt mai mulți aici. Ei vin din depărtări. Își aduc provizii. Își adâncesc interacțiunile și implicarea. Își înființează stații de comunicare în multe locuri din sistemul vostru solar. Vă observă toate incursiunile inițiale în spațiu și vor contracara și distruge tot ceea ce au senzația că va interfera cu activitățile lor. Ei caută să instituie nu numai controlul lumii voastre ci al regiunii din vecinătatea lumii voastre. Acest lucru se întâmplă din cauză că se află forțe concurente aici. Fiecare reprezintă alianța câtorva rase.

Acum să ne adresăm ultimei din cele patru sfere despre care am vorbit în primul nostru discurs. Această sferă are de-a face cu activitățile de reproducere ale vizitatorilor cu specia umană. Să vă oferim puțină istorie mai întâi. Cu multe mii de ani în urmă, în vremea voastră, câteva rase au venit să se reproducă cu umanitatea pentru a-i dărui umanității o inteligență superioară și o adaptabilitate superioară. Asta a dus la apariția destul de bruscă a ceea ce înțelegem că se numește „omul modern". Lucrul acesta v-a dat dominanță și putere în lumea voastră. Asta s-a petrecut cu mult timp în urmă.

Însă, programul de reproducere care se desfășoară la ora actuală nu este deloc la fel. E încercat de un set diferit de ființe și de alianțe diferite. Prin încrucișare, ei caută să creeze o ființă umană care va face parte din asociația lor dar care poate supraviețui în lumea voastră și care poate avea o afinitate naturală la planetă. Vizitatorii voştri nu pot trăi pe suprafața lumii voastre. Ei trebuie să caute adăpost fie subteran, ceea ce fac, fie trebuie să trăiască la bordul propriilor nave, pe care le țin deseori ascunse în corpuri de apă cu suprafețe întinse. Vor să se reproducă cu umanitatea pentru a-şi proteja interesele aici, care sunt în primul rând resursele lumii voastre. Vor să aibă loialitatea umană asigurată, iar astfel de câteva generații sunt implicați într-un program de reproducere, care, în cadrul ultimilor douăzeci de ani, a devenit destul de extins.

Scopul lor este dublu. Mai întâi, aşa cum am menționat, vizitatorii vor să creeze o ființă în asemănarea omului care poate trăi în lumea voastră dar care va fi legată de ei şi care va avea un set superior de sensibilități şi abilități. Al doilea scop al acestui program reprezintă influențarea tuturor celor pe care îi întâlnesc şi încurajarea oamenilor să-i sprijine în inițiativa lor. Vizitatorii vor şi au nevoie de sprijin uman. Acest lucru le avansează programul în toate privințele. Vă consideră valoroşi. Cu toate acestea, nu vă consideră ca fiind de-o seamă cu ei sau egalii lor. Folositori, aşa sunteți percepuți. Aşadar, în toți pe care ei îi vor întâlni, în toți pe care îi vor lua, vizitatorii vor căuta să genereze această senzație a superiorității lor, a importanței lor şi a valorii şi semnificației străduințelor lor în lume. Vizitatorii le vor spune tuturor celor cu care iau legătura că sunt aici în numele binelui şi îi vor asigura pe aceia pe care i-au capturat că nu trebuie să le fie frică. Iar cu cei care par receptivi în mod particular, vor încerca să creeze alianțe – un sentiment împărtăşit de scop, până şi un sentiment împărtăşit de identitate şi familie, de moştenire şi destin.

În programul lor, vizitatorii au studiat fiziologia şi psihologia umană foarte intens şi vor profita de ceea ce vor oamenii, în mod special de acele lucruri pe care oamenii le vor dar pe care nu au reuşit să le obţină singuri, ca de exemplu pacea şi ordinea, frumuseţea şi acalmia. Acestea vor fi oferite iar unii oameni vor crede. Alţi oameni vor fi pur şi simplu folosiţi conform necesităţilor.

Aici e necesar să înţelegeţi că vizitatorii cred că această abordare este cu totul şi cu totul potrivită în scopul protejării planetei. Ei au senzaţia că îi fac umanităţii un mare serviciu, iar astfel sunt sinceri în încercările lor de convingere. Din nefericire, asta demonstrează un mare adevăr în ceea ce priveşte Marea Comunitate – că adevărata Înţelepciune şi adevărata Cunoaştere sunt la fel de rare în univers pe cât trebuie să pară în lumea voastră. E firesc să vă aşteptaţi sau să vă puneţi speranţele în faptul că alte rase au depăşit prefăcătoria, aspiraţiile egoiste, concurenţa şi conflictul. Însă, din păcate, lucrurile nu stau aşa. Tehnologia superioară nu măreşte puterea mentală sau spirituală a fiinţelor.

La ora actuală există mulţi oameni care sunt luaţi împotriva voinţei lor în mod repetat. Din cauză că umanitatea este foarte superstiţioasă şi caută să nege lucruri pe care nu le poate înţelege, această activitate nefericită este desfăşurată cu un succes considerabil. Chiar şi acum, există indivizi hibrizi, parte umani, parte extratereştri, care umblă în lumea voastră. Nu sunt mulţi, dar numărul lor va creşte în viitor. Poate veți întâlni unul într-o zi. Vor arăta la fel ca voi dar vor fi diferiți. Veți crede că sunt ființe umane, dar ceva esențial va părea că lipsește în ei, ceva ce este prețuit în lumea voastră. Există posibilitatea de-a putea să-i sesizați și să-i identificați pe acești indivizi, dar pentru a face asta, ar trebui să deveniți pricepuți în mediul mental și să descoperiți ce înseamnă Cunoaștere și Înțelepciune în Marea Comunitate.

Simțim că dobândirea acestora este de cea mai mare importanță, căci vedem tot ceea ce se întâmplă în lumea voastră din punctul nostru de observare, iar Cei Nevăzuți ne sfătuiesc cu privire la lucruri pe care nu le putem vedea sau la care nu avem acces. Înțelegem aceste evenimente, căci ele s-au întâmplat de nenumărate ori în Marea Comunitate, pe măsură ce influența și puterea de convingere sunt proiectate asupra raselor care sunt fie prea slabe, fie prea vulnerabile pentru a răspunde în mod eficient.

Sperăm și avem încredere în faptul că niciunul dintre voi, cei care ați putea auzi acest mesaj, nu se va gândi că aceste intruziuni în viața umană sunt benefice. Cei care sunt afectați vor fi influențați să creadă că aceste întâlniri sunt benefice, atât pentru ei cât și pentru planetă. Aspirațiile spirituale ale oamenilor, dorința lor de pace și armonie, familie și includere vor fi toate abordate de vizitatori. Aceste lucruri ce reprezintă ceva atât de special în ceea ce privește familia umană sunt, fără înțelepciune și pregătire, un semn al vulnerabilității voastre majore. Numai acele persoane care sunt puternice în Cunoaștere și Înțelepciune ar putea să vadă înșelăciunea din spatele acestor acte de convingere. Numai ei sunt în măsură să pătrundă înșelăciunea care se săvârșește asupra familiei umane. Numai ei își pot proteja mințile împotriva influenței care se proiectează în mediul mental în foarte multe locuri în lume la ora actuală. Numai ei vor vedea și vor ști.

Cuvintele noastre nu vor fi de ajuns. Bărbații și femeile trebuie să învețe să pătrundă și să cunoască. Noi nu putem decât să încurajăm acest lucru. Venirea noastră aici în lumea voastră a avut loc în conformitate cu prezentarea învățăturii despre Spiritualitatea din Marea Comunitate, căci pregătirea este aici acum și de aceea putem fi o sursă de încurajare. Dacă pregătirea nu ar fi aici, noi am ști că îndemnurile noastre și încurajarea noastră nu ar fi adecvate și nu ar avea succes. Creatorul și Cei Nevăzuți vor să pregătească umanitatea pentru Marea Comunitate. De fapt, aceasta este cea mai importantă nevoie a umanității în acest moment.

Așadar, vă încurajăm să nu credeți că luarea ființelor umane și a copiilor lor și a familiilor lor are vreun beneficiu în vreun fel pentru umanitate. Trebuie să punem accentul pe acest lucru. Libertatea voastră este prețioasă. Libertatea voastră individuală și libertatea voastră ca rasă sunt prețioase. Nouă ne-a luat foarte mult timp să ne redobândim libertatea. Nu vrem să vedem că v-o pierdeți pe a voastră.

Programul de încrucișare care există în lume va continua. Singurul mod prin care poate fi oprit este ca oamenii să dobândească acest nivel superior de conștiență și acest simț al autorității lăuntrice. Numai asta le va pune capăt acestor intruziuni. Numai asta va dezvălui înșelăciunea din spatele lor. Este greu pentru noi să ne imaginăm cât de îngrozitoare trebuie să fie aceste intruziuni pentru oamenii voștri, pentru acei bărbați și acele femei, pentru cei mici, care îndură acest tratament, această re-educare, această pacificare. Pentru valorile noastre, acest lucru pare odios, și totuși știm că aceste lucruri au loc în Marea Comunitate și au avut loc încă din timpuri imemoriale.

Poate cuvintele noastre vor genera tot mai multe întrebări. Acest lucru e sănătos și firesc, dar nu vă putem răspunde la toate întrebările. Trebuie să găsiți calea pentru a vă dobândi răspunsurile. Dar nu puteți face asta fără o pregătire și nu o puteți face fără orientare. Înțelegem că în prezent, umanitatea în ansamblul ei nu poate face diferența dintre o demonstrație din Marea Comunitate și o manifestare spirituală. Aceasta este o situație cu adevărat dificilă din cauza faptului că vizitatorii voștri pot proiecta imagini, ei le pot vorbi oamenilor prin mediul mental și vocile lor pot fi primite și exprimate prin oameni. Ei pot proiecta acest gen de influență din cauză că umanitatea încă nu are acest gen de abilitate sau discernământ.

Umanitatea nu este unită. E despărțită. Se luptă cu ea însăși. Acest fapt vă face extrem de vulnerabili la interferențe și la manipulări din afară. Este înțeles de către vizitatorii voștri faptul că dorințele și înclinațiile voastre spirituale vă fac foarte vulnerabili și subiecți foarte buni spre a fi folosiți. E foarte dificil să dobândiți o adevărată obiectivitate în privința acestor lucruri. Chiar și de unde venim noi, a fost o mare dificultate. Dar pentru cei care-și doresc să rămână liberi și să-și exercite autodeterminarea în Marea Comunitate, aceștia trebuie să-și dezvolte aceste abilități și trebuie să-și prezerve propriile resurse pentru a evita să fie obligați să le caute de la alții. Dacă lumea voastră își pierde autonomia, își va pierde mult din libertate. Dacă trebuie să mergeți dincolo de lumea voastră pentru a căuta resursele de care aveți nevoie să trăiți, atunci vă veți pierde mult din putere în favoarea altora. Având în vedere că resursele lumii voastre se diminuează rapid, lucrul acesta constituie o îngrijorare gravă pentru aceia dintre noi care privesc din depărtare. Este îngrijorător și pentru vizitatorii voștri, căci ei vor să prevină distrugerea mediului vostru natural, nu pentru voi, ci pentru ei.

Programul de hibridizare are doar un singur scop, iar acela este să le permită vizitatorilor să-și creeze o prezență și o influență impunătoare în lume. Să nu credeți că vizitatorilor le lipsește ceva de care au nevoie de la voi, cu excepția resurselor voastre. Să nu credeți că au nevoie de omenia voastră. Ei vor omenia voastră numai pentru a-și asigura poziția în lume. Nu fiți flatați. Nu vă complăceți în asemenea gânduri. Sunt deplasate. Dacă puteți învăța să vedeți situația clar așa cum este în mod real, veți vedea și veți ști singuri aceste lucruri. Veți înțelege de ce suntem aici și de ce are umanitatea nevoie de aliați într-o Comunitate Mare a vieții inteligente. De asemenea, veți înțelege importanța de a dobândi Cunoaștere și Înțelepciune superioară și de a descoperi Spiritualitatea din Marea Comunitate.

Având în vedere că apăreți într-un mediu în care aceste lucruri devin vitale pentru succes, pentru libertate, pentru fericire și pentru tărie, veți avea nevoie de Cunoaștere și Înțelepciune superioară pentru a vă stabili ca rasă independentă în Marea Comunitate. Însă, independența voastră se pierde pe zi ce trece. Și se poate să nu observați pierderea libertății voastre, deși poate că o simțiți în vreun fel. Cum ați putea s-o observați? Nu puteți merge în afara lumii voastre și să fiți martori la evenimentele care o înconjoară. Nu aveți acces la implicările politice și comerciale ale forțelor extraterestre care funcționează în lume la ora actuală, pentru a le înțelege complexitatea, etica și valorile.

Să nu credeți niciodată că vreo rasă care călătorește pentru comerț ar fi avansată spiritual. Cei care caută comerț, caută avantaje. Cei care călătoresc dintr-o lume într-alta, cei care sunt exploratori de resurse, cei care caută să-și planteze propriile steaguri nu sunt ceea ce ați considera voi ca fiind avansați spiritual. Noi nu îi considerăm avansați spiritual. Există putere lumească și există putere spirituală. Puteți înțelege diferența dintre aceste lucruri, iar acum este necesar să vedeți această diferență într-un mediu mai extins.

Venim, așadar, cu un sentiment de dedicare și încurajare puternică să vă mențineți libertatea, să deveniți puternici și pătrunzători și să nu cedați la acte de convingere sau promisiuni de pace, putere și includere din partea acelora pe care nu-i cunoașteți. Și nu vă lăsați consolați de ideea că totul va ieși bine pentru umanitate sau chiar pentru voi personal, căci asta nu este înțelepciune. Căci înțelepții din toate locurile trebuie să învețe să perceapă realitatea vieții din jurul lor și să învețe să trateze această viață într-un mod benefic.

Așadar, primiți încurajarea noastră. Vom vorbi din nou în privința acestor lucruri și vom ilustra importanța de a căpăta discernământ și discreție. De asemenea, vom vorbi mai multe despre implicarea vizitatorilor voștri în lume în sfere pe care e foarte important să le înțelegeți. Sperăm că ne puteți primi cuvintele.

Un avertisment major

Suntem nerăbdători să vorbim mai multe cu voi privind chestiunile ce țin de lumea voastră și să vă ajutăm să ajungeți să vedeți, dacă e posibil, ceea ce vedem noi din punctul nostru de observare. Conștientizăm că aceste informații sunt dificil de primit și că vor crea considerabilă anxietate și îngrijorare, dar trebuie să fiți informați.

Situația este foarte gravă din perspectiva noastră și credem că ar fi o nenorocire fantastică dacă oamenii nu ar fi informați corect. Există atât de multă înșelăciune în lumea în care trăiți, dar și în multe alte lumi, încât adevărul, deși aparent și evident, trece nerecunoscut, iar semnele și mesajele sale trec nedescoperite. Noi, așadar, sperăm că prezența noastră poate ajuta la clarificarea imaginii și că vă poate ajuta pe voi și pe alte persoane să vedeți ce există în mod real în ea. Noi nu avem aceste compromisuri în percepția noastră, căci am fost trimiși să fim martori la înseși lucrurile pe care le descriem. În timp, poate că ați putea cunoaște aceste lucruri pe cont propriu, dar nu aveți acest gen de timp. Timpul acum este scurt. Pregătirea umanității pentru apariția forțelor din Marea Comunitate a fost întârziată foarte mult. Mulți oameni importanți nu au răspuns. Iar intruziunea în lume a accelerat într-un ritm mult mai rapid decât s-a crezut posibil inițial.

Venim cu puțin timp de pierdut, și totuși venim și vă încurajăm să împărtășiți aceste informații. Așa cum am indicat în mesajele noastre anterioare, lumea este infiltrată iar mediul mental este în curs de condiționare și pregătire. Intenția nu este eradicarea ființelor umane ci întrebuințarea lor, să fie transformate în muncitori pentru un „colectiv" mai mare. Instituțiile lumii și cu siguranță mediul natural sunt prețuite, iar preferința vizitatorilor urmărește ca acestea să fie păstrate pentru a fi folosite. Ei nu pot trăi aici iar astfel, pentru a vă câștiga loialitatea, întrebuințează multe din tehnicile pe care vi le-am descris. Vom merge mai departe în descrierea noastră pentru a clarifica aceste lucruri.

Sosirea noastră aici a fost contracarată de câțiva factori, printre care, nu în ultimul rând, este o lipsă a stării de pregătire a celor la care trebuie să ajungem direct. Vorbitorul nostru, autorul acestei cărți, este singurul cu care am putut stabili un contact ferm, așadar trebuie să-i dăm vorbitorului nostru informațiile fundamentale.

Din perspectiva vizitatorilor voștri, după cum am aflat, Statele Unite ale Americii sunt considerate a fi conducătorul

global, iar astfel accentul va fi pus în cea mai mare măsură
acolo. Dar și alte națiuni majore vor fi contactate, căci sunt
recunoscute ca deținând putere, iar puterea este înțeleasă de
vizitatori, căci ei urmează dictatele puterii fără întrebări și
într-o mult mai mare măsură decât este până și aparent în
lumea voastră.

Vor fi făcute încercări de a convinge conducătorii celor
mai puternice națiuni să devină receptivi la prezența
vizitatorilor și să primească daruri și stimulente pentru
cooperare cu promisiunea beneficiului mutual, ba chiar cu
promisiunea dominației planetare pentru unii. Vor exista
aceia din coridoarele puterii în lume care vor răspunde la
aceste stimulente, căci vor crede că există o mare
oportunitate aici să ducă umanitatea dincolo de spectrul
războiului nuclear într-o nouă comunitate pe pământ, o
comunitate pe care ei o vor conduce în scopuri proprii. Însă
acești conducători sunt înșelați, căci nu li se vor da cheile
acestui tărâm. Ei vor fi pur și simplu arbitri în tranziția
puterii.

Acest lucru trebuie să-l înțelegeți. Nu este atât de
complex. Din perspectiva și punctul nostru de observare, este
evident. Am văzut acest lucru având loc în altă parte.
Reprezintă una din căile prin care organizațiile existente de
rase care au propriile colective recrutează rase emergente
precum rasa voastră. Ele cred cu tărie că agenda lor este
virtuoasă și că urmărește progresul lumii voastre, căci
umanitatea nu este foarte respectată și, deși sunteți virtuoși
în anumite feluri, tendințele voastre riscante sunt mult mai

mari decât potențialul vostru, din perspectiva lor. Noi nu susținem această părere, sau nu am fi în poziția în care ne aflăm și nu v-am oferi serviciile noastre numindu-ne aliații umanității.

Așadar, acum există o dificultate majoră în discernământ, o provocare majoră. Provocarea constă în faptul că umanitatea trebuie să înțeleagă cine-i sunt aliații în mod real și să fie capabilă să-i diferențieze de potențialii adversari. Nu există părți neutre în această privință. Lumea este mult prea valoroasă, resursele sale fiind recunoscute ca fiind unice și de-o valoare considerabilă. Nu există părți neutre care să fie implicate în treburile umane. Adevărata natură a Intervenției nepământene caută să exercite influență și control și să pună stăpânire pe această planetă, în cele din urmă.

Noi nu suntem vizitatorii. Suntem observatori. Nu pretindem niciun drept asupra lumii voastre și nu avem niciun plan de a ne stabili aici. Din acest motiv, numele noastre sunt ascunse, căci nu căutăm relații cu voi dincolo de abilitatea de a ne oferi sfaturile în acest fel. Nu putem controla rezultatul. Nu putem decât să vă sfătuim în privința alegerilor pe care rasa voastră trebuie să le facă și a deciziilor pe care trebuie să le ia în lumina acestor evenimente mai mari.

Umanitatea promite foarte mult și și-a cultivat o moștenire spirituală bogată, dar nu are educație în ceea ce privește Marea Comunitate în care apare. Umanitatea e divizată și plină de controverse în sinea ei, fiind astfel

vulnerabilă la manipulare și la intruziune de dincolo de
hotarele voastre. Popoarele voastre sunt preocupate cu grijile
zilei, dar realitatea zilei de mâine nu este recunoscută. Ce
câștig ați putea avea ignorând marea mișcare a lumii și
presupunând că Intervenția care are loc în prezent este în
beneficiul vostru? Cu siguranță nu există nici măcar unul
printre voi care ar putea spune acest lucru dacă doar ați
vedea realitatea situației.

Într-un fel, este o chestiune de perspectivă. Noi putem
vedea iar voi nu puteți, căci nu aveți poziția necesară. Ar
trebui să fiți dincolo de lumea voastră, în afara sferei de
influență a lumii voastre, pentru a vedea ceea ce vedem noi.
Și totuși, ca să vedem ceea ce vedem, trebuie să rămânem
ascunși pentru că dacă am fi descoperiți, am pieri cu
siguranță. Căci vizitatorii voștri își consideră misiunea aici
de-o valoare supremă și consideră Pământul ca fiind cea mai
mare mină neexploatată a lor printre alte câteva. Nu se vor
opri din cauza noastră. Așa că trebuie să vă prețuiți și să vă
apărați propria libertate. Noi nu putem face asta pentru voi.

Fiecare lume, dacă urmărește să-și întemeieze propria
unitate, libertate și autodeterminare în Marea Comunitate,
trebuie să-și întemeieze această libertate și să o apere dacă
este necesar. Altfel, în mod sigur va avea loc dominația și va fi
totală.

De ce vor vizitatorii lumea voastră? Este atât de evident.
Nu de voi sunt interesați în mod special. Sunt interesați de
resursele biologice ale lumii voastre. Sunt interesați de
poziția strategică a acestui sistem solar. Le sunteți folositori

numai atât cât aceste lucruri sunt prețuite și pot fi folosite.
Vor oferi ceea ce vreți și vor spune ceea ce vreți să auziți. Vor
oferi stimulente și vă vor folosi religiile și idealurile religioase
pentru a cultiva certitudinea și încrederea că ei, mai mult
decât voi, înțeleg nevoile lumii voastre și că vor putea să
servească aceste nevoi spre crearea unui nivel mai înalt de
calm aici. Din cauză că umanitatea pare incapabilă să-și
creeze unitate și ordine, mulți oameni își vor deschide
mințile și inimile față de cei pe care-i cred mai capabili să
facă asta.

În al doilea discurs, noi am vorbit pe scurt despre
programul de hibridizare. Unele persoane au auzit despre
acest fenomen și înțelegem că au existat unele discuții pe
această temă. Cei Nevăzuți ne-au spus că are loc o creștere a
gradului de conștientizare în privința faptului că un astfel de
program există, dar, în mod incredibil, oamenii nu pot
înțelege implicațiile evidente, fiind atât de predispuși să vadă
această chestiune într-o lumină preferabilă și atât de slab
echipați să se ocupe de ceea ce ar putea însemna această
Intervenție. În mod clar, un program de hibridizare este o
încercare de a îmbina adaptarea umanității la lumea fizică cu
mintea de grup și conștiința colectivă a vizitatorilor.
Asemenea descendenți ar fi în poziția perfectă să ofere noua
conducere pentru umanitate, o conducere care se naște din
intențiile vizitatorilor și din campania vizitatorilor. Acești
indivizi ar avea rude de sânge în lume, iar astfel alte persoane
ar fi înrudite cu ei și le-ar accepta prezența. Și totuși mințile
lor nu ar fi alături de voi, nici inimile lor. Și deși v-ar putea

compătimi pentru condiția voastră și pentru ceea ce s-ar
putea să ajungă condiția voastră, nu ar avea autoritatea
individuală, ei înșiși nefiind antrenați în Calea Cunoașterii și
a Pătrunderii, de a vă sprijini sau de a se împotrivi conștiinței
colective care i-a crescut aici și care le-a dat viață.

Vedeți voi, libertatea individuală nu este prețuită de
vizitatorii voștri. Ei o consideră imprudentă și iresponsabilă.
Ei nu-și înțeleg decât propria conștiință colectivă, pe care o
văd ca fiind privilegiată și binecuvântată. Și totuși ei nu pot
accesa adevărata spiritualitate, care se numește Cunoaștere
în univers, căci Cunoașterea se naște din descoperirea de
sine a unei persoane și este transpusă în realitate prin relații
de înaltă calitate. Niciunul dintre aceste fenomene nu este
prezent în alcătuirea socială a vizitatorilor. Ei nu pot gândi
singuri. Voința lor nu este numai a lor. Astfel că, bineînțeles,
ei nu pot respecta perspectivele necesare dezvoltării acestor
două mari fenomene din lumea voastră și cu siguranță nu
sunt în poziția de a cultiva asemenea lucruri. Ei caută numai
conformism și supunere. Iar învățăturile spirituale pe care le
vor cultiva în lume vor servi doar pentru a-i face pe oameni
ascultători, deschiși și nebănuitori cu scopul de a acumula un
nivel de încredere care nu a fost câștigat niciodată.

Noi am mai văzut aceste lucruri în alte locuri. Am văzut
lumi întregi căzând sub controlul unor asemenea colective.
Există multe astfel de colective în univers. Din cauză că astfel
de colective se ocupă de comerțul interplanetar și se întind
pe regiuni vaste, ele aderă la o conformitate strictă fără

abatere. Nu există nicio individualitate printre ei, cel puțin nu în felul pe care l-ați putea recunoaște.

Nu suntem siguri că vă putem da un exemplu din propria voastră lume despre cum ar arăta această organizare, dar ni s-a spus că există interese comerciale care cuprind culturi întregi în lumea voastră, care exercită o putere formidabilă și totuși care sunt guvernate numai de câțiva. Poate că aceasta e o bună analogie pentru ceea ce descriem. Însă, ceea ce descriem este mult mai puternic, mai întins și mai bine întemeiat decât orice lucru pe care l-ați putea da ca bun exemplu în lumea voastră.

Un aspect adevărat în ceea ce privește formele de viață inteligente de pretutindeni este că frica poate fi o forță distructivă. Însă frica servește doar un singur scop dacă e percepută corect iar acela este să te informeze cu privire la prezența pericolului. Suntem îngrijorați, iar aceasta este natura temerii noastre. Înțelegem care sunt riscurile. Aceasta este natura îngrijorării noastre. Temerea voastră se naște din cauză că nu știți ce se petrece, așa că este o formă de teamă distructivă. Este o formă de teamă care nu vă poate da putere și care nu vă poate oferi percepția de care aveți nevoie să cuprindeți ce se petrece în lumea voastră.

Dacă puteți deveni informați, atunci frica se transformă în îngrijorare iar îngrijorarea se transformă în măsuri constructive. Nu cunoaștem niciun alt mod de a descrie acest lucru.

Programul de hibridizare începe să aibă foarte mult succes. Deja există indivizi care pășesc pe Pământul vostru, care sunt născuți din conștiința și eforturile colective ale vizitatorilor. Ei nu pot locui aici perioade lungi de timp, dar numai în câțiva ani, vor fi capabili să trăiască pe suprafața lumii voastre permanent. Perfecțiunea lor genetică va atinge un nivel la care vor părea doar ușor diferiți de voi, mai mult în maniera lor și în prezența lor decât în aparența lor fizică, până în punctul în care vor trece probabil neobservați și nerecunoscuți. Cu toate acestea, vor avea facultăți mentale superioare. Iar acest lucru le va da un avantaj pe care nu l-ați putea egala decât dacă ați fi antrenați în Căile Pătrunderii.

Așa arată marea realitate în care umanitatea își face apariția – un univers plin de minuni și orori, un univers plin de influențe, un univers plin de concurență, dar și un univers plin de Grație, foarte asemănător propriei voastre lumi dar infinit mai mare. Raiul pe care îl căutați nu este aici. Însă, forțele pe care trebuie să le înfruntați sunt. Acesta este cel mai mare prag pe care rasa voastră îl va înfrunta vreodată. Fiecare dintre noi din grupul nostru a înfruntat acest prag în propria-i lume respectivă și a existat mult eșec, numai cu puțin succes. Rasele de ființe care-și pot menține libertatea și izolarea trebuie să devină puternice și unite și probabil se vor retrage din interacțiunile ce au loc în Marea Comunitate într-o foarte mare măsură, cu scopul de a proteja acea libertate.

Dacă vă gândiți la aceste lucruri, poate veți vedea corolare în propria voastră lume. Cei Nevăzuți ne-au spus multe lucruri cu privire la dezvoltarea voastră spirituală și la marea posibilitate a acesteia, dar ei ne-au sfătuit de asemenea că predispozițiile și idealurile voastre spirituale sunt manipulate foarte mult la ora actuală. Există întregi învățături care sunt introduse în lume în prezent care predau acceptare umană tacită și suspendarea abilităților critice și prețuiesc numai ceea ce este plăcut și confortabil. Aceste învățături sunt date pentru a slăbi abilitatea oamenilor de a avea acces la Cunoașterea din sinea lor până când oamenii ajung în punctul în care se simt total dependenți de forțe superioare pe care nu le pot identifica. În acel punct, vor urma orice le este dat să facă, și chiar dacă ar simți că ceva nu e în regulă, ei nu vor mai avea puterea să se împotrivească.

Umanitatea a trăit multă vreme în izolare. Poate că se crede că o asemenea Intervenție nu e posibil să aibă loc și că fiecare persoană are drepturi de proprietate asupra propriei conștiințe și minți. Dar acestea sunt doar presupuneri. Însă ni s-a spus că înțelepții din lumea voastră au învățat să depășească aceste presupuneri și au dobândit puterea de a-și crea propriul mediu mental.

Ne temem că ar putea fi prea întârziate cuvintele noastre și că vor avea prea puțin impact și că cel pe care l-am ales să ne primească are prea puțin sprijin și prea puțină susținere pentru a face aceste informații disponibile. El va întâlni scepticism și derâdere, căci nu va fi crezut, iar lucrurile de care va vorbi vor contrazice ceea ce mulți presupun că este adevărat. Cei care au căzut sub puterea de convingere extraterestră, ei în special i se vor opune, căci nu au de ales în această privință.

În această situație gravă, Creatorul tuturor formelor de viață a trimis o pregătire, o învățătură despre abilitate spirituală și discernământ spiritual, despre putere și reușită spirituală. Noi suntem studenți ai unei astfel de învățături, precum și mulți alții pe tot cuprinsul universului. Învățătura aceasta este o formă de intervenție Divină. Nu aparține niciunei lumi anume. Nu este proprietatea niciunei rase anume. Nu este centrată în jurul niciunui erou sau eroine, în jurul niciunui individ anume. O astfel de pregătire este acum accesibilă. Va fi necesară. Din perspectiva noastră, este singurul lucru în prezent care îi poate da umanității o șansă să devină înțeleaptă și pătrunzătoare în ceea ce privește noua voastră viață în Marea Comunitate.

Așa cum s-a întâmplat în lumea voastră în propria voastră istorie, primii care să ajungă pe meleagurile noi sunt exploratorii și cuceritorii. Ei nu vin din motive altruiste. Vin în căutarea puterii, în căutare de resurse și în căutarea dominației. Aceasta este natura vieții. Dacă umanitatea ar fi fost bine versată în afacerile Marii Comunități, v-ați opune oricărei vizitări în lumea voastră dacă nu s-a stabilit anterior niciun acord mutual. Ați cunoaște destule încât să nu îi permiteți lumii voastre să fie atât de vulnerabilă.

În acest moment, există mai multe colective ce concurează pentru avantaje în acest loc. Aspectul acesta plasează umanitatea în mijlocul unui set de împrejurări foarte neobișnuit dar totuși revelator. De aceea mesajele vizitatorilor vor părea deseori contradictorii. Au existat conflicte în rândurile lor, însă vor negocia între ei dacă s-ar recunoaște vreun beneficiu mutual. Cu toate acestea, ei încă se află în concurență. Din perspectiva lor, aceasta este

frontiera. Din perspectiva lor, nu sunteți prețuiți decât în
măsura în care sunteți folositori. Dacă nu mai sunteți
considerați folositori, veți fi pur și simplu înlăturați.

Aici există o provocare majoră pentru oamenii din lumea
voastră și în mod special pentru cei care sunt în poziții de
putere și responsabilitate, care constă în recunoașterea
diferenței dintre o prezență spirituală și o vizitare din Marea
Comunitate. Însă cum puteți avea contextul pentru a face
această distincție? Unde puteți învăța astfel de lucruri? Cine
din lumea voastră este în măsură să predea despre realitatea
Marii Comunități? Numai o învățătură de dincolo de hotarele
lumii vă poate pregăti pentru viața de dincolo de hotarele
lumii, iar viața de dincolo de aceste hotare se află acum în
lumea voastră, căutând să se stabilească în acest loc, căutând
să-și extindă influența, căutând să câștige mințile și inimile și
sufletele oamenilor de pretutindeni. Este atât de simplu. Și
totuși atât de devastator.

Așadar, sarcina noastră în aceste mesaje este să aducem
un avertisment major, dar avertismentul nu este suficient.
Trebuie să fie o recunoaștere în rândul popoarelor voastre.
Cel puțin în rândul unui număr suficient de oameni de aici,
trebuie să existe o înțelegere a realității cu care vă
confruntați acum. Acesta este cel mai mare eveniment din
istoria umană – cea mai mare amenințare la libertatea
umană și cea mai mare oportunitate pentru unitatea și
cooperarea umană. Noi recunoaștem aceste avantaje și
posibilități majore, dar pe zi ce trece speranța lor pălește – pe
măsură ce tot mai mulți oameni sunt capturați iar conștiința

lor este recultivată și reconstituită, pe măsură ce tot mai
mulți oameni află despre învățăturile spirituale care sunt
promovate de vizitatori și pe măsură ce tot mai mulți oameni
devin mai obedienți și mai puțin capabili să discearnă.

Am venit la cererea Celor Nevăzuți pentru a servi în
această capacitate ca observatori. Dacă vom avea succes, vom
rămâne în proximitatea lumii voastre doar atât cât este
necesar pentru a continua să vă dăm aceste informații.
Dincolo de asta, ne vom întoarce la căminele noastre. Dacă
dăm greș și dacă soarta se întoarce împotriva umanității și
dacă marele întuneric cuprinde întreaga lume, întunericul
dominației, atunci va trebui să plecăm, misiunea noastră
neîndeplinindu-se. Oricum ar fi, nu putem sta cu voi, deși
dacă vă arătați promițători, vom sta până când sunteți în
siguranță, până când puteți să vă îngrijiți de voi. A vă îngriji
de voi înseamnă, printre altele, să fiți autonomi. Dacă
deveniți dependenți de comerțul cu alte rase, acest lucru
creează un risc foarte mare de manipulare de dincolo, căci
umanitatea încă nu este suficient de puternică pentru a se
împotrivi puterii din mediul mental care poate fi exercitată
aici și care este exercitată aici la ora actuală.

Vizitatorii vor încerca să creeze impresia că ei sunt
„aliații umanității". Vor spune că sunt aici să salveze
umanitatea de ea însăși, că numai ei pot oferi marea speranță
pe care umanitatea nu și-o poate oferi singură, că numai ei
pot crea adevărata ordine și armonie pe pământ. Dar această
ordine și această armonie va fi a lor, nu a voastră. Iar
libertatea pe care o promit nu va fi a voastră de savurat.

Manipularea tradițiilor și credințelor religioase

Pentru a înțelege activitățile vizitatorilor prezenți în lume, trebuie să prezentăm mai multe informații în ceea ce privește influența pe care o exercită asupra instituțiilor și valorilor religioase ale lumii și asupra impulsurilor spirituale fundamentale care sunt comune pentru natura voastră și care, în multe feluri, sunt comune pentru viața inteligentă în multe regiuni din Marea Comunitate.

Ar trebui să începem prin a spune că activitățile pe care vizitatorii le desfășoară în lume în acest moment au fost întreprinse de multe ori în multe locuri diferite cu multe culturi diferite din Marea Comunitate. Vizitatorii voștri nu sunt creatorii acestor activități, ci doar le folosesc după bunul plac în măsura în care sunt conștienți de ele și le-au mai utilizat în trecut.

Este important să înțelegeți că deprinderile în sfera influenței și manipulării au fost dezvoltate într-un grad foarte ridicat de funcționalitate în Marea Comunitate. Pe măsură ce rasele devin mai experte și mai capabile tehnologic, ele exercită feluri mai subtile și mai pătrunzătoare de influență una asupra alteia. Ființele umane au evoluat până acum numai pentru a concura între ele, așa că nu aveți încă acest avantaj adaptiv. Acesta în sine este unul din motivele pentru care vă prezentăm acest material. Pășiți într-un set de împrejurări cu totul și cu totul nou, care impune cultivarea abilităților voastre inerente dar și învățarea unor abilități noi.

Deși umanitatea reprezintă o situație unică, apariția altor rase în Marea Comunitate a avut loc de nenumărate ori până acum. Așadar, lucrurile săvârșite asupra voastră s-au mai săvârșit. Au fost dezvoltate într-o foarte mare măsură și simțim că sunt acum adaptate cu relativă ușurință la viața voastră și la situația voastră.

Programul de Pacificare implementat de vizitatori face, parțial, acest lucru posibil. Dorința de relații pașnice și dorința de a evita războiul și conflictele sunt admirabile dar pot fi și sunt, într-adevăr, folosite împotriva voastră. Până și cele mai nobile impulsuri ale voastre pot fi folosite cu alte scopuri. Ați văzut aceste lucruri în propria istorie, în propria natură și în propriile societăți. Pacea nu poate fi întemeiată decât pe un temei ferm alcătuit din înțelepciune, cooperare și reală capacitate.

În mod firesc, umanitatea a fost preocupată cu întemeierea relațiilor pașnice în rândul propriilor triburi și națiuni. Acum, însă, are o serie mai serioasă de probleme și încercări. Noi vedem aceste probleme şi dificultăţi ca oportunităţi pentru dezvoltarea voastră, căci numai dificultatea de a vă face apariţia în Marea Comunitate va putea uni lumea şi va putea să vă ofere temeiul în baza căruia să fie autentică, puternică şi eficientă această unitate.

Aşadar, nu venim să vă criticăm instituţiile religioase sau impulsurile şi valorile fundamentale, ci să ilustrăm modul în care acestea sunt folosite împotriva voastră de către acele rase extraterestre care intervin în lumea voastră. Şi, dacă ne stă în putinţă, ne dorim să încurajăm întrebuinţarea corectă a darurilor voastre şi a reuşitelor voastre pentru păstrarea lumii voastre, pentru păstrarea libertăţii voastre şi a integrităţii voastre ca rasă în cadrul unei Comunităţi Mari.

Vizitatorii sunt în mod fundamental practici în abordarea lor. Acesta reprezintă atât un punct tare, cât şi un punct slab. Aşa cum i-am observat, atât aici cât şi în altă parte, observăm că le este dificil să devieze de la planurile lor. Nu sunt bine adaptaţi la schimbare, nici nu pot face faţă complexităţii foarte eficient. Aşadar, îşi desfăşoară planul într-o manieră aproape neglijentă, căci se simt îndreptăţiţi din punct de vedere moral şi sunt de părere că au avantajul. Ei nu cred că umanitatea li se va opune – cel puţin nu o rezistenţă care să-i afecteze foarte mult. Şi au impresia că secretele lor şi planul lor sunt bine păstrate şi că sunt dincolo de înţelegerea umană.

Din această perspectivă, activitatea noastră de a vă prezenta acest material ne face, cu siguranţă, adversarii lor, în ochii lor. Din perspectiva noastră, însă, noi doar încercăm să le contracarăm influența și să vă dăm înțelegerea de care aveți nevoie și perspectiva pe care trebuie să vă bazați pentru a vă păstra libertatea ca rasă și pentru a face față realităților din Marea Comunitate.

Datorită naturii practice a abordării lor, își doresc să-și realizeze scopurile cu cea mai mare eficiență posibilă. Își doresc să unească umanitatea dar numai în acord cu propria lor participare și cu propriile lor activități în lume. Pentru ei, unitatea umană este o preocupare practică. Ei nu prețuiesc diversitatea în culturi; cu siguranță nu o prețuiesc în cadrul propriilor culturi. Așadar, vor lua măsuri în scopul eradicării sau reducerii acestei diversități, dacă se poate, oriunde își exercită influența.

În discursul nostru anterior, am vorbit despre influența vizitatorilor asupra unor forme noi de spiritualitate – asupra unor idei și expresii noi despre divinitatea umană și natura umană, idei și expresii care se află în lumea voastră la ora actuală. În discuția noastră acum, am vrea să ne concentrăm pe instituțiile și valorile tradiționale pe care vizitatorii voștri caută să le influențeze și pe care le influențează în prezent.

În încercarea de a promova uniformitate și conformare, vizitatorii se vor baza pe acele instituții și pe acele valori pe care le percep ca fiind cele mai stabile și mai practice spre a fi folosite. Nu sunt interesați de ideile voastre și nu sunt interesați de valorile voastre, cu excepția măsurii în care aceste lucruri ar putea să le avanseze planul. Nu vă înșelați singuri gândindu-vă că sunt atrași de spiritualitatea voastră pentru că lor le lipsesc astfel de lucruri. Aceasta ar fi o greşeală nesăbuită şi poate fatală. Să nu credeţi că sunt fermecaţi de viaţa voastră şi de acele lucruri pe care le consideraţi intrigante. Căci numai în cazuri rare veţi putea să-i influenţaţi în acest fel. Întreaga curiozitate naturală a fost desfiinţată din ei şi abia dacă o mai au. De fapt, abia dacă mai au ceea ce voi aţi numi „Spirit" sau ceea ce noi am numi „Varne" sau „Calea Pătrunderii". Sunt manipulaţi şi manipulativi şi urmează tipare de gândire şi comportament care sunt ferm stabilite şi strict întărite. Ar putea părea că empatizează cu ideile voastre, dar numai pentru a vă câştiga supunerea.

În instituţiile religioase tradiţionale din lumea voastră, vor căuta să folosească acele valori şi acele credinţe fundamentale care pot servi în viitor să vă aducă în supunere faţă de ei. Să vă dăm câteva exemple, născute atât din propriile noastre observaţii cât şi din pătrunderea pe care Cei Nevăzuţi ne-au oferit-o de-a lungul timpului.

Mulţi din lumea voastră urmează credinţa Creştină. Noi credem că acest lucru este admirabil deşi cu siguranţă nu este singura abordare privind întrebările fundamentale ale identităţii şi scopului spiritual în viaţă. Vizitatorii vor utiliza ideea fundamentală a supunerii faţă de un singur conducător cu scopul de a genera supunere faţă de cauza lor. În contextul acestei religii, identificarea cu Iisus Hristos va fi folosită în mare măsură. Speranţa şi promisiunea întoarcerii lui pe pământ le oferă vizitatorilor voştri o oportunitate perfectă, în mod special la această răscruce din mileniu.

Înțelegem că adevăratul Iisus nu se va întoarce pe pământ, căci lucrează în conlucrare cu Cei Nevăzuți și servește umanitatea dar și alte rase. Cel care va veni revendicându-i numele va veni din Marea Comunitate. El va fi unul născut și făcut cu acest scop de către colectivele care sunt în lume la ora actuală. Va părea uman și va avea abilități semnificative în comparație cu ceea ce puteți voi reuși în acest moment. Va părea în întregime altruist. Va putea să săvârșească acte care vor produce fie teamă, fie o puternică reverență. Va putea să proiecteze imagini cu îngeri, demoni sau orice lucru la care vor superiorii lui să vă expună. Va părea să aibă puteri spirituale. Însă el va veni din Marea Comunitate și va face parte din colective. Și va genera supunere ca să-l urmați. În cele din urmă, în ceea ce-i privește pe cei ce nu îl pot urma, le va încuraja înstrăinarea sau distrugerea.

Vizitatorilor nu le pasă câți dintre oamenii voștri sunt distruși atâta timp cât au o supunere primară în rândul majorității.

Așadar, vizitatorii se vor concentra asupra acelor idei fundamentale care le oferă această autoritate și influență.

O A Doua Venire, așadar, este în curs de pregătire de către vizitatorii voștri. Înțelegem că semnele acestui lucru au apărut în lume deja. Oamenii nu conștientizează prezența vizitatorilor sau natura realității din Marea Comunitate, iar astfel firește că își vor accepta credințele de dinainte fără întrebări, fiind de părere că a sosit vremea pentru marea întoarcere a Salvatorului lor și a Învățătorului lor. Însă cel care va veni nu va veni din Gazda Celestă, nu va reprezenta Cunoaștere sau pe Cei Nevăzuți și nu va reprezenta Creatorul sau voința Creatorului. Noi am văzut acest plan în formulare pe pământ. Am văzut, de asemenea, planuri similare desfășurate în alte lumi.

În alte tradiții religioase, uniformitatea va fi încurajată de vizitatori – ceea ce ați putea numi un gen de religie fundamentală bazată pe trecut, bazată pe supunere față de autoritate și bazată pe conformare față de instituție. Acest aspect îi servește pe vizitatori. Ei nu sunt interesați de ideologia și valorile tradițiilor voastre religioase, ci numai de utilitatea lor. Cu cât oamenii pot gândi mai asemănător, cu cât pot acționa mai asemănător și cu cât pot răspunde în moduri mai previzibile, cu atât sunt mai folositori pentru colective. Această conformare se promovează în multe tradiții diferite. Aici nu au de gând să le facă pe toate la fel ci să le simplifice în sinea lor.

Într-o parte a lumii, o ideologie religioasă particulară va predomina; într-o parte diferită a lumii, o ideologie religioasă diferită va predomina. Acest lucru e cu totul și cu totul folositor pentru vizitatori, căci lor nu le pasă dacă există mai multe religii atâta timp cât există ordine, conformare și supunere. Neavând o religie a lor proprie pe care s-o puteți urma sau cu care să vă identificați, le vor folosi pe ale voastre pentru a-și genera propriile valori. Căci ei prețuiesc numai supunere totală față de cauza lor și față de colective și caută supunerea voastră totală pentru a participa alături de ei în feluri pe care ei le recomandă. Vă vor asigura că acest lucru va crea pace și mântuire în lume și întoarcerea oricărei imagini religioase sau a oricărui personaj religios considerat a fi de cea mai mare valoare aici.

Asta nu înseamnă că religia fundamentală este guvernată de forțe extraterestre, căci înțelegem că religia fundamentală e bine întemeiată în lumea voastră. Ceea ce spunem aici este că impulsurile pentru spiritualitate și mecanismele pentru religie vor fi sprijinite de vizitatori și folosite în propriile lor scopuri. Așadar, toți cei care sunt credincioși adevărați în tradițiile lor trebuie să aibă mare grijă pentru a sesiza aceste influențe și pentru a le contracara dacă este posibil. Aici nu cetățeanul obișnuit e cel pe care vizitatorii caută să-l convingă; ci conducerea.

Vizitatorii cred cu tărie că dacă nu intervin în timp util, umanitatea se va distruge singură și va distruge lumea. Acest lucru nu se bazează pe adevăr; e numai o presupunere. Deși umanitatea se află în pericol de auto-anihilare, acesta nu reprezintă neapărat destinul vostru. Dar colectivele cred acest lucru, iar astfel trebuie să acționeze în grabă și să pună mare accent pe programele lor de convingere. Cei care pot fi convinși vor fi prețuiți ca fiind folositori; cei care nu pot fi convinși vor fi înlăturați și înstrăinați. Dacă se va întâmpla ca vizitatorii să devină suficient de puternici pentru a căpăta controlul total al lumii, cei care nu se pot conforma vor fi pur și simplu eliminați. Însă nu vizitatorii vor săvârși distrugerea. Va fi provocată chiar prin indivizii din lume care au căzut în întregime sub puterea lor de convingere.

Noi înțelegem că acesta este un scenariu teribil, însă trebuie să nu existe nici urmă de confuzie dacă va fi să înțelegeți și să primiți ceea ce exprimăm în mesajele noastre pentru voi. Vizitatorii caută să ducă la capăt integrarea umanității, nu anihilarea umanității. Se vor reproduce cu voi cu acest scop. Vor încerca să vă redirecționeze impulsurile și instituțiile religioase cu acest scop. Se vor stabili într-o manieră clandestină în lume cu acest scop. Vor influența guverne și lideri de guverne cu acest scop. Vor influența puteri militare de pe pământ cu acest scop. Vizitatorii sunt încrezători că pot avea succes, căci până acum ei văd că umanitatea nu s-a opus suficient de mult încât să le contracareze măsurile sau să le decaleze planul.

Pentru a contracara acest plan, trebuie să studiați o Cale a Cunoașterii din Marea Comunitate. Toate rasele libere din univers trebuie să învețe Calea Cunoașterii, oricum ar fi definită această Cale în cadrul propriilor culturi. Iată izvorul libertății individuale. Iată lucrul care le permite persoanelor și societăților să aibă integritate reală și să aibă înțelepciunea necesară pentru a lua măsuri împotriva influențelor care contracarează Cunoașterea, atât în lumile lor cât și în Marea Comunitate. Așadar, este necesar să învățați căi noi, căci intrați într-o situație nouă cu forțe noi și influențe noi. Firește, această situație nu este vreo perspectivă viitoare ci o încercare imediată. Viața din univers nu așteaptă după voi să fiți gata. Vor avea loc evenimente fie că sunteți pregătiți sau nu. Vizitarea s-a desfășurat fără acordul vostru și fără permisiunea voastră. Iar drepturile voastre fundamentale sunt încălcate într-o măsură mult mai mare decât realizaţi momentan.

Din această cauză, am fost trimişi să vă oferim nu numai perspectiva noastră şi încurajarea noastră ci, de asemenea, să iniţiem o chemare, să dăm un semnal de alarmă, să trezim o conştiinţă şi un simţ al dedicării. Am mai spus că nu vă putem salva rasa prin intervenţie militară. Nu acela ne e rolul. Şi chiar dacă am fi încercat să facem lucrul acesta şi am fi căpătat puterea de a duce la bun sfârşit un asemenea plan, lumea voastră ar fi distrusă. Nu putem decât să vă sfătuim.

Veţi vedea în viitor o manieră feroce de exprimare a părerilor religioase în moduri violente, manifestată împotriva oamenilor care nu sunt de acord, împotriva naţiunilor cu capacităţi inferioare şi folosită ca armă de atac şi distrugere. Vizitatorilor nu le-ar plăcea nimic mai mult decât ca instituţiile voastre religioase să guverneze naţiunile. Trebuie să vă împotriviţi acestui lucru. Vizitatorii nu şi-ar dori nimic altceva decât ca valorile religioase să fie împărtăşite de toată lumea, căci lucrul acesta adaugă la forţa lor de muncă şi le face sarcina mai uşoară. În toate manifestările sale, genul acesta de influenţă se reduce în esenţă la acceptare tacită şi supunere – supunerea voinţei, supunerea scopului, supunerea vieţii şi a abilităţilor omului. Însă această supunere va fi vestită ca o realizare majoră pentru umanitate, un progres major în societate, o nouă unificare pentru rasa umană, o nouă speranţă de pace şi serenitate, un triumf al spiritului uman peste instinctele umane.

Așadar, venim cu sfatul nostru și vă încurajăm să vă abțineți de la luarea vreunor decizii imprudente, de la a vă lăsa viețile în voia unor lucruri pe care nu le înțelegeți și de la cedarea discernământului vostru și a discreției voastre de dragul vreunei recompense promise. Și trebuie să vă încurajăm să nu trădați Cunoașterea dinăuntrul vostru, inteligența spirituală cu care v-ați născut și care acum reprezintă singura și cea mai mare speranță a voastră.

Poate că, auzind aceste lucruri, veți privi universul ca pe un loc lipsit de Grație. Poate că veți deveni cinici și temători, gândindu-vă că avariția este universală. Dar lucrurile nu arată așa. Acum e necesar să deveniți puternici, mai puternici decât sunteți, mai puternici decât ați fost. Nu primiți comunicări cu cei care intervin în lumea voastră până când nu aveți această tărie. Nu vă deschideți mințile și inimile față de vizitatori de dincolo de lume, căci ei vin aici în scopuri proprii. Să nu credeți că vă vor împlini profețiile religioase sau cele mai mari idealuri, căci asta-i o iluzie.

Există forțe spirituale remarcabile în Marea Comunitate – indivizi și chiar națiuni care au realizat stări foarte înalte de desăvârșire, care depășesc cu mult ceea ce a demonstrat umanitatea până acum. Dar aceste forțe nu vin să preia controlul altor lumi. Nu reprezintă forțe politice sau economice în univers. Nu sunt implicate în comerț dincolo de a-și satisface propriile nevoi fundamentale. Ele călătoresc rar, cu excepția situațiilor de urgență.

Pentru a-i ajuta pe cei care își fac apariția în Marea Comunitate, sunt trimiși emisari, emisari ca noi. Dar există și emisari spirituali – puterea Celor Nevăzuți, care pot să comunice cu cei care sunt pregătiți să primească, care dau dovadă de bunătate și se arată promițători. Așa lucrează Dumnezeu în univers.

Pășiți într-un mediu nou dificil. Lumea voastră este foarte prețioasă pentru alții. Va fi nevoie să o protejați. Va trebui să vă păstrați resursele astfel încât să nu aveți nevoie sau să depindeți de comerțul cu alte națiuni pentru necesitățile fundamentale ale vieții voastre. Dacă nu vă păstrați resursele, va trebui să renunțați la o bună parte din libertatea și autonomia voastră.

Spiritualitatea voastră trebuie să fie sănătoasă. Trebuie să fie bazată pe experiență reală, căci valorile și credințele, ritualurile și tradițiile pot fi folosite și sunt folosite de vizitatorii voștri în scop propriu.

Aici puteți începe să vedeți că vizitatorii voștri sunt foarte vulnerabili în anumite zone. Să explorăm acest lucru în continuare. La nivel individual, au foarte puțină voință și au dificultăți în a face față complexității. Ei nu vă înțeleg natura spirituală. Și cu siguranță nu înțeleg impulsurile Cunoașterii. Cu cât sunteți mai puternici în Cunoaștere, cu atât mai inexplicabili deveniți, cu atât mai greu sunteți de controlat și cu atât mai nefolositori deveniți pentru ei și pentru programul lor de integrare. La nivel individual, cu cât ești mai puternic în Cunoaștere, cu atât devii o provocare mai mare pentru ei. Cu cât sunt mai mulți indivizi care devin puternici în Cunoaștere, cu atât este mai dificil pentru vizitatori să-i izoleze.

Vizitatorii nu au putere fizică. Puterea lor se rezumă la mediul mental și la utilizarea tehnologiilor lor. Numărul lor este mic în comparație cu al vostru. Ei depind în întregime de acceptarea voastră tacită și sunt mult prea încrezători că pot avea succes. Pe baza experienței lor de până acum, umanitatea nu a demonstrat opoziție puternică. Însă cu cât ești mai puternic în Cunoaștere, cu atât devii o forță care se opune intervenției și manipulării și cu atât devii o forță a libertății și integrității pentru rasa ta.

Deși probabil nu multe persoane vor putea să audă mesajul nostru, răspunsul tău este important. Poate că este ușor să nu crezi în prezența noastră și în realitatea noastră și să reacționezi împotriva mesajului nostru, însă vorbim conform Cunoașterii. Așadar, ceea ce spunem poate fi cunoscut înăuntrul tău, dacă ești liber să cunoști aceste lucruri.

Înțelegem faptul că noi contestăm multe păreri și convenții în prezentarea noastră. Chiar și apariția noastră aici va părea inexplicabilă și va fi respinsă de mulți oameni. Însă cuvintele noastre și mesajul nostru pot rezona cu voi pentru că vorbim cu Cunoaștere. Puterea adevărului este cea mai mare putere din univers. Are puterea să elibereze. Are puterea să lumineze. Și are puterea să le dea tărie și încredere acelora care au nevoie.

Ni s-a spus despre conștiința umană că este foarte prețuită deși probabil că nu întotdeauna urmată. Despre această conștiință spunem atunci când vorbim despre Calea Cunoașterii. Stă la baza tuturor impulsurilor voastre

spirituale adevărate. E deja conținută în religiile voastre. Nu
este nouă pentru voi. Dar trebuie prețuită, sau eforturile
noastre și eforturile Celor Nevăzuți de a pregăti umanitatea
pentru Marea Comunitate nu vor avea succes. Prea puțini vor
răspunde. Iar adevărul va fi o povară pentru ei, căci nu vor
putea să-l împărtășească în mod eficient.

Așadar, nu venim să vă criticăm instituțiile sau
convențiile religioase, ci să ilustrăm cum pot ele să fie
folosite împotriva voastră. Nu suntem aici să le înlocuim sau
să le negăm, ci să arătăm cum adevărata integritate trebuie
să străbată aceste instituții și convenții ca ele să vă servească
într-un mod autentic.

În Marea Comunitate, spiritualitatea este cuprinsă în
ceea ce noi numim Cunoaștere, Cunoașterea însemnând
inteligența Spiritului și mișcarea Spiritului înăuntrul vostru.
Inteligența aceasta vă dă puterea să cunoașteți mai degrabă
decât doar să credeți. Vă face imuni la puterea de convingere
și la manipulare, căci Cunoașterea nu poate fi manipulată de
nicio putere sau forță lumească. Cunoașterea le dă religiilor
voastre viață și aduce speranță destinului vostru.

Noi rămânem fideli acestor idei, căci ele sunt
fundamentale. Însă, ele lipsesc în colective, iar dacă veți
întâlni colectivele, sau până și prezența lor, și dacă veți avea
puterea să vă mențineți propria minte, veți vedea această
lipsă singuri.

Ni s-a spus că există multe persoane în lume care își
doresc să renunțe la ei înșiși, să se dedice unei puteri mai
înalte în viață. Acest impuls se întâlnește nu doar la lumea

omenirii, dar în Marea Comunitate o astfel de abordare duce
la robie. Înțelegem că în propria voastră lume, înainte ca
vizitatorii să se afle aici în așa număr, o astfel de abordare
deseori a dus la subjugare. Dar în Marea Comunitate, sunteți
și mai vulnerabili și trebuie să fiți mai înțelepți, mai atenți și
mai autonomi. Aici nechibzuința are un preț imens și aduce
cu sine mari nenorociri.

Dacă puteți răspunde la Cunoaștere și să învățați o Cale a
Cunoașterii din Marea Comunitate, veți putea vedea aceste
lucruri singuri. Apoi ne veți confirma cuvintele mai degrabă
decât doar să le credeți sau să le negați. Creatorul face acest
lucru posibil, căci Creatorul voiește ca omenirea să se
pregătească pentru viitorul său. De aceea am venit. De aceea
privim și avem acum oportunitatea să raportăm ceea ce
vedem.

Tradițiile religioase ale lumii vă pun într-o lumină bună în
învățăturile lor esențiale. Am avut oportunitatea să învățăm
despre ele de la Cei Nevăzuți. Dar ele reprezintă și o
potențială slăbiciune. Dacă umanitatea ar fi fost mai vigilentă
și ar fi înțeles realitățile vieții din Marea Comunitate și
semnificația vizitării premature, riscurile voastre nu ar fi atât
de mari pe cât sunt astăzi. Există speranțe și așteptări că o
așa vizitare va aduce recompense majore și că va fi o
împlinire pentru voi. Însă nu ați putut afla lucruri despre
realitatea din Marea Comunitate sau despre forțele puternice
care interacționează cu lumea voastră. Lipsa voastră de
înțelegere și încrederea voastră prematură în vizitatori nu vă
servesc.

Iată motivul pentru care, pretutindeni, cei înțelepți din Marea Comunitate rămân ascunși. Ei nu caută comerț în Marea Comunitate. Nu caută să facă parte din organizații sau din cooperative comerciale. Nu caută relații diplomatice cu multe lumi. Rețeaua lor de alianțe este mai misterioasă, mai spirituală în natură. Ei înțeleg riscurile și dificultățile expunerii la realitățile vieții în universul fizic. Își mențin izolarea și rămân vigilenți la granițele lor. Nu caută decât să-și extindă înțelepciunea prin mijloace care sunt mai puțin fizice în natură.

În propria voastră lume, probabil că puteți observa acest fel de a fi, exprimat în cei mai mari înțelepți, cei mai înzestrați, care nu caută avantaje personale prin căi comerciale și care nu sunt preocupați să cucerească sau să manipuleze. Propria lume vă spune atât de multe lucruri. Propria istorie vă spune atât de multe și ilustrează, deși la scară redusă, tot ceea ce vă prezentăm aici.

Astfel, avem intenția nu doar să vă avertizăm cu privire la gravitatea situației voastre ci să vă oferim, dacă putem, o percepție și o înțelegere mai înaltă a vieții, de care veți avea nevoie. Și avem încredere că vor fi destui oameni care pot auzi aceste cuvinte și care vor răspunde la măreția Cunoașterii. Sperăm că vor fi persoane care-și pot da seama că mesajele noastre nu sunt aici să evoce frică și panică ci să genereze responsabilitate și un angajament față de păstrarea libertății și a binelui în lumea voastră.

Dacă umanitatea dă greș în lupta împotriva Intervenției, putem să creăm o imagine despre ce ar însemna acest lucru.

Am mai văzut-o în alte părți, căci fiecare dintre noi a fost foarte aproape, în cadrul propriei lumi. Făcând parte dintr-un colectiv, planeta Pământ va fi exploatată pentru resursele sale, cetățenii planetei vor fi adunați să muncească iar rebelii și ereticii fie vor fi înstrăinați, fie distruși. Planeta va fi păstrată pentru agricultura sa și pentru foloasele sale din exploatarea minieră. Societățile umane vor exista, dar numai în subordine față de puteri de dincolo de lumea voastră. Iar dacă lumea își va epuiza utilitatea, dacă resursele ei vor fi luate cu totul, atunci veți fi lăsați, în lipsă. Condițiile de viață favorabile de pe suprafața lumii voastre vor fi fost luate de la voi; înseși modalitățile de supraviețuire vor fi fost furate. Lucrul acesta s-a mai întâmplat în multe alte locuri.

În cazul lumii acesteia, colectivele ar putea alege să păstreze planeta spre a fi utilizată neîntrerupt ca fort strategic și ca depozit biologic. Însă populația umană ar suferi teribil sub stăpânire extrem de opresivă. Populația umanității ar fi redusă. Administrarea umanității ar fi dată acelora care sunt crescuți să conducă rasa umană în cadrul unei noi ordini. Libertatea umană așa cum o știți nu ar mai exista și ați suferi sub greutatea unei stăpâniri străine, o stăpânire care ar fi crudă și severă.

Există multe colective în Marea Comunitate. Unele dintre ele sunt mari; unele dintre ele sunt mici. Unele dintre ele sunt mai etice în tacticile lor; multe, nu. În măsura în care acestea concurează între ele pentru oportunități ca stăpânirea lumii voastre, se pot săvârși activități periculoase. Trebuie să ilustrăm acest aspect astfel încât să nu fie nici urmă de îndoială privind ceea ce spunem. Alegerile care vă așteaptă sunt foarte limitate, dar foarte esențiale.

Așadar, înțelegeți că din perspectiva vizitatorilor voștri, sunteți cu toții triburi care trebuie gestionate și controlate pentru a servi interesele vizitatorilor. În acest scop, religiile voastre și o anumită măsură a realității voastre sociale vor fi păstrate. Dar veți pierde multe lucruri. Iar multe vor fi pierdute înainte să realizați ce v-a fost luat. Așadar, nu putem decât să susținem o vigilență, o responsabilitate și un angajament de a învăța – să învățați despre viața din Marea Comunitate, să învățați cum să vă păstrați propria cultură și propria realitate într-un mediu cu întinderi vaste și să învățați cum să vedeți cine se află aici să vă servească și să-i diferențiați de cei care nu sunt aici să vă servească. Acest discernământ superior este atât de necesar în lume, chiar și pentru rezolvarea propriilor voastre dificultăți. Dar în ceea ce privește supraviețuirea și prosperitatea voastră în Marea Comunitate, este absolut fundamental.

Așadar, vă încurajăm să prindeți curaj. Mai avem lucruri de împărtășit cu voi.

Pragul: O nouă speranță pentru umanitate

Î n scopul pregătirii pentru prezența nepământeană care se află pe pământ, este necesar să aflați mai multe lucruri despre viața din Marea Comunitate, viață care vă va cuprinde lumea în viitor, o viață din care veți face parte.

Destinul umanității a fost dintotdeauna apariția într-o Comunitate Mare a vieții inteligente. Această apariție este inevitabilă și are loc în toate lumile în care viața inteligentă a fost sădită și s-a dezvoltat. În cele din urmă, ați fi ajuns să vă dați seama că ați trăit în cadrul unei Comunități Mari. Și, în cele din urmă, ați fi aflat că nu erați singuri în propria lume, că aveau loc vizite și că veți fi nevoiți să învățați să înfruntați rase, forțe, credințe și atitudini divergente care sunt răspândite în Marea Comunitate în care trăiți.

Apariția în Marea Comunitate este destinul vostru. Izolarea voastră a luat sfârșit acum. Deși lumea voastră a fost vizitată de multe ori în trecut, condiția voastră izolată a încetat. Acum e necesar să realizați că nu mai sunteți singuri – în univers și nici măcar în propria voastră lume. Această înțelegere este prezentată mai amplu în Învățătura ce privește Spiritualitatea din Marea Comunitate, care se prezintă în lume în prezent. Aici rolul nostru este să descriem viața așa cum există în Marea Comunitate astfel încât să puteți avea o înțelegere mai adâncă a scenei de dimensiuni mai mari a vieții în care apăreți. Înțelegerea aceasta e necesară ca să puteți aborda această realitate nouă cu o mai puternică obiectivitate, înțelegere și înțelepciune. Umanitatea a trăit într-o relativă izolare atât de mult timp încât e firesc pentru voi să vă gândiți că restul universului funcționează potrivit ideilor, principiilor și științei pe care le considerați sacre și pe care se bazează activitățile voastre și modurile în care vă percepeți lumea.

Marea Comunitate este vastă. Cele mai îndepărtate întinderi ale sale nu au fost explorate niciodată. Depășește înțelegerea oricărei rase. În cadrul acestei creații magnifice, există viață inteligentă la toate nivelurile evoluției și în nenumărate manifestări. Lumea voastră există într-o regiune din Marea Comunitate care e destul de bine locuită. Există multe zone în Marea Comunitate care nu s-au explorat niciodată și alte zone în care rasele trăiesc în secret. Cu privire la manifestările vieții, în Marea Comunitate există totul. Și cu toate că viața pare plină de dificultăți și încercări așa cum am descris-o, Creatorul lucrează pretutindeni, recuperându-i prin Cunoaștere pe cei separați.

În Marea Comunitate, nu poate exista o singură religie, o singură ideologie sau o singură formă de guvernământ care să poată fi adaptată la toate rasele și toate popoarele. Așadar, când vorbim despre religie, vorbim despre spiritualitatea Cunoașterii, căci spiritualitatea aceasta reprezintă puterea și prezența Cunoașterii care sălășluiește în toate formele de viață inteligente – înăuntrul vostru, înăuntrul vizitatorilor voștri și înăuntrul altor rase pe care le veți întâlni în viitor.

Prin urmare, spiritualitatea universală devine un punct central major. Aceasta împacă înțelegerile și ideile divergente care predomină în lumea voastră și îi oferă realității voastre spirituale un temei comun. Însă studiul Cunoașterii nu e numai edificator, este esențial pentru supraviețuire și progres în Marea Comunitate. Ca să puteți să vă întemeiați și să vă păstrați libertatea și independența în Marea Comunitate, această abilitate superioară trebuie să fie dezvoltată în rândul unui număr suficient de mare de persoane din lumea voastră. Cunoașterea este singura parte din voi care nu poate fi manipulată sau influențată. Este izvorul tuturor înțelegerilor și acțiunilor înțelepte. Devine o necesitate în mediul din Marea Comunitate dacă libertatea este prețuită și dacă vă doriți să vă făuriți propriul destin fără să fiți integrați în vreun colectiv sau în vreo altă societate.

Așadar, în vreme ce prezentăm o situație gravă în lume la ora actuală, prezentăm, de asemenea, un dar măreț și perspective mărețe pentru umanitate, căci Creatorul nu v-ar lăsa nepregătiți pentru Marea Comunitate, fiind pragul cel mai mare dintre toate pragurile pe care le veți înfrunta ca rasă. Și noi am fost binecuvântați cu acest dar. Este în posesia noastră de multe secole de-ale voastre. A trebuit să-l studiem și să-l învățăm atât din alegere cât și din necesitate.

Într-adevăr, datorită prezenței și puterii Cunoașterii putem să vorbim ca reprezentanți ai aliaților voștri și să vă furnizăm informațiile pe care le dăm în aceste discursuri. Dacă nu am fi descoperit această Revelație măreață, am fi izolați în propriile noastre lumi, incapabili să înțelegem forțele mai mari din univers care aveau să ne contureze viitorul și destinul. Căci darul ce se oferă în lume în prezent ne-a fost oferit și nouă și multor altor rase, care s-au arătat promițătoare. Acest dar e important în special pentru rasele emergente așa cum este rasa voastră, rase care se arată foarte promițătoare dar care totuși sunt foarte vulnerabile în Marea Comunitate.

Așadar, deși nu poate exista o singură religie sau ideologie în univers, există un principiu, o înțelegere și realitate spirituală universală accesibilă tuturor. Este atât de desăvârșită încât poate avea un înțeles profund pentru cei care sunt diferiți de voi peste măsură. Atinge diversitatea vieții în toate manifestările sale. Voi, trăind în lumea voastră, aveți acum oportunitatea să învățați despre o realitate extraordinară, să-i experimentați singuri puterea și grația. Firește că, în ultimă instanță, reprezintă darul pe care ne dorim să-l întărim, căci realitatea aceasta vă va păstra libertatea şi autodeterminarea şi va deschide calea către un viitor înalt în univers.

Cu toate acestea, întâmpinaţi adversitate şi o mare dificultate la început. Asta creează necesitatea de a dobândi o Cunoaştere mai adâncă şi un grad de conştientizare superior. Dacă răspundeţi acestei dificultăţi, nu numai voi veţi beneficia, ci întreaga voastră rasă.

Învăţătura despre Spiritualitatea din Marea Comunitate se prezintă în lume în prezent. Nu a mai fost prezentată aici. Este dăruită printr-o singură persoană, care are rolul de intermediar şi vorbeşte în numele acestei Tradiţii. E trimisă pe pământ în această perioadă critică în care umanitatea trebuie să înveţe despre viaţa pe care o trăieşte în Marea Comunitate şi despre forţele mai mari care dau contur lumii în prezent.

Numai o învăţătură şi înţelegere de dincolo de hotarele lumii ar putea să vă ofere acest avantaj şi această pregătire.

Nu sunteţi singuri în întreprinderea unei sarcini atât de mari, căci există şi alţii în univers care întreprind această sarcină, chiar şi la nivelul vostru de dezvoltare. Sunteţi doar una din numeroasele rase care îşi fac apariţia în Marea Comunitate în prezent. Fiecare rasă promite şi totuşi fiecare este vulnerabilă la dificultăţile, încercările şi influenţele care există în acest mediu de dimensiuni superioare. Mai mult decât atât, multe rase şi-au pierdut libertatea înainte să fi fost vreodată căpătată numai ca să devină parte din colective sau organizaţii comerciale sau state cliente pentru puteri mai mari.

Nu ne dorim să vedem că se întâmplă așa ceva cu umanitatea, căci asta ar fi o pierdere majoră. De aceea suntem aici. Creatorul este activ pe pământ în prezent din acest motiv, aducându-i familiei umane o nouă înțelegere. E timpul ca umanitatea să pună capăt conflictelor neîncetate cu ea însăși și să se pregătească pentru viață în Marea Comunitate.

Trăiți într-o regiune în care există multă activitate dincolo de sfera sistemului vostru solar minuscul. În cadrul acestei regiuni, comerțul se desfășoară prin anumite căi. Lumile interacționează, concurează și uneori se luptă între ele. Oportunitățile sunt căutate de toți cei care au interese comerciale. Ei caută nu doar resurse ci și jurarea credinței din partea lumilor, cum este și în cazul vostru. Unii fac parte din colective de proporții mai mari. Alții își mențin propriile alianțe la scară mult mai restrânsă. Lumile care își pot face apariția în Marea Comunitate cu succes au fost nevoite să-și păstreze în mare măsură autonomia și independența. Acest lucru le scapă de expunerea la alte forțe care n-ar face decât să le exploateze și să le manipuleze.

Autonomia voastră și dezvoltarea înțelegerii și a unității voastre devin, într-adevăr, esențiale pentru bunăstarea voastră în viitor. Iar acest viitor nu este îndepărtat, căci deja influența vizitatorilor devine mai puternică în lumea voastră. Multe persoane deja i-au acceptat în mod tacit și au devenit acum emisarii și intermediarii lor. Multe alte persoane sunt pur și simplu folosite ca resurse pentru programul lor genetic. Lucrul acesta s-a întâmplat, așa cum am spus, de multe ori în multe locuri. Nu e un mister pentru noi deși trebuie să pară de necuprins pentru voi. Intervenția nepământeană este în egală măsură o nefericire și o șansă crucială. Dacă puteți răspunde, dacă vă puteți pregăti, dacă puteți dobândi Cunoaștere și Înțelepciune la nivelul Marii Comunități, atunci veți putea să contracarați forțele care se amestecă în lumea voastră și să puneți bazele unui nivel superior de unitate în rândul popoarelor și triburilor voastre. Noi, bineînțeles, încurajăm asta, căci este lucrul care întărește legătura Cunoașterii pretutindeni.

În Marea Comunitate, războaiele la scară largă au loc foarte rar. Există forțe restrictive. În primul rând, războaiele deranjează comerțul și dezvoltarea resurselor. În consecință, națiunile de mari proporții nu au voie să acționeze imprudent, căci împiedică sau contracarează scopurile altor părți, altor națiuni și altor interese. Războiul civil are loc periodic în lumi, dar războaiele la scară largă între societăți și între lumi sunt cu adevărat rare. Acest aspect reprezintă parțial motivul pentru care a luat formă priceperea în lucruri ce țin de mediul mental, căci națiunile chiar concurează între ele și încearcă să se influențeze reciproc. Având în vedere că nimeni nu își dorește să distrugă resurse sau oportunități, abilitățile și capacitățile acestea superioare sunt cultivate în diferite măsuri de succes în rândul multor societăți din Marea Comunitate. Când aceste genuri de influențe sunt prezente, necesitatea pentru Cunoaștere crește și mai mult.

Umanitatea nu e bine pregătită pentru lucrul acesta. Însă, datorită moștenirii voastre spirituale bogate și a gradului în care libertatea personală există în lumea voastră în prezent, sunt speranțe că ați putea să avansați în această înțelegere superioară iar astfel, să vă asigurați libertatea și să v-o păstrați.

Există și alte constrângeri împotriva războaielor în Marea Comunitate. Majoritatea societăților negustorești aparțin unor organizații de mari proporții care și-au stabilit legi și coduri de conduită pentru membrii lor. Aceste organizații au scopul de a constrânge activitățile multora care ar căuta să folosească forța pentru a obține accesul la alte lumi și la resursele lor exclusive. Ca războiul să izbucnească la scară largă, multe rase ar trebui să fie implicate, iar lucrul acesta nu se întâmplă des. Noi înțelegem că umanitatea este foarte războinică și concepe conflictul în Marea Comunitate în termeni de război, dar în realitate veți afla că atitudinea aceasta nu este bine tolerată și că alte căi de convingere sunt întrebuințate în locul forței.

Astfel, vizitatorii voștri nu vin în lumea voastră cu mari armamente. Ei nu vin cu forțe militare mari, căci ei întrebuințează abilitățile care i-au servit în alte moduri – abilități privind manipularea gândurilor, a impulsurilor și a sentimentelor acelora pe care îi întâlnesc. Umanitatea este foarte vulnerabilă la astfel de acte de convingere având în vedere gradul de superstiție, conflict și neîncredere care predomină în lumea voastră în acest moment.

Așadar, pentru a-i înțelege pe vizitatorii voștri și pentru a-i înțelege pe alții pe care îi veți întâlni în viitor, trebuie să stabiliți un mod de abordare mai matur privind întrebuințarea puterii și influenței. Aspectul acesta reprezintă o parte critică din educația voastră despre Marea Comunitate. O parte din pregătirea pentru această educație se va găsi în Învățătura despre Spiritualitatea din Marea Comunitate, dar trebuie să învățați și prin experiență directă.

Înțelegem că în prezent există o perspectivă fantezistă în rândul multor oameni în ceea ce privește Marea Comunitate. Se crede că aceia care sunt avansați tehnologic sunt avansați și spiritual, însă vă putem asigura că lucrurile nu stau așa. Voi înșivă, deși sunteți mai avansați tehnologic acum față de cum erați înainte, nu ați avansat spiritual într-o foarte mare măsură. Aveți mai multă putere, dar odată cu puterea apare necesitatea de a deveni mai înțelepți.

Există aceia în Marea Comunitate care au mult mai multă putere decât voi la nivel tehnologic și până și la nivel de gânduri. Veți evolua să vă confruntați cu ei, dar nu pe armament vă veți concentra. Căci războiul la scară interplanetară este atât de distructiv încât toată lumea pierde. Care este prada unui asemenea conflict? Ce avantaje asigură? Într-adevăr, atunci când un astfel de conflict există, are loc în spațiu și foarte rar în medii terestre. Națiunile ostile și cele care sunt distructive și agresive sunt contracarate rapid, în special dacă acestea există în regiuni bine populate în care se desfășoară comerțul.

Aşadar, e necesar să înțelegeți natura conflictului în univers pentru că aşa veți căpăta o pătrundere intuitivă asupra vizitatorilor şi necesităților acestora – de ce funcționează în maniera aceasta, de ce în rândurile lor nu se cunoaşte libertatea individuală şi de ce se bazează pe colectivele lor. Asta le dă stabilitate şi putere, dar îi face, de asemenea, vulnerabili la cei care sunt pricepuți în Cunoaştere.

Cunoaşterea îți permite să gândeşti în nenumărate moduri, să acționezi spontan, să percepi realitatea dincolo de aparențe şi să experimentezi viitorul şi trecutul. Asemenea abilități sunt peste puterile celor care urmează doar regimentele şi dictatele culturilor lor. Sunteți mult în urma vizitatorilor din punct de vedere tehnologic, dar aveți capacitatea de a dezvolta abilități ce țin de Calea Cunoaşterii, abilități de care veți avea nevoie şi pe care trebuie să învățați să vă bazați din ce în ce mai mult.

Nu am fi aliații umanității dacă nu vă învățam despre viața din Marea Comunitate. Noi am văzut multe. Am întâlnit multe lucruri diferite. Lumile noastre au fost învinse şi a trebuit să ne redobândim libertatea. Cunoaştem, din eroare şi din experiență, natura conflictului şi a dificultății cu care vă confruntați în prezent. De aceea suntem potriviți acestei misiuni în serviciul nostru față de voi. Cu toate acestea, nu ne veți întâlni şi nu vom veni să-i întâlnim pe conducătorii națiunilor voastre. Nu acela ne e scopul.

Într-adevăr, aveți nevoie de cât mai puține interveniri posibil, dar aveți nevoie de foarte mult sprijin. Există noi abilități pe care trebuie să le dezvoltați și o nouă înțelegere pe care trebuie să o dobândiți. Până și o societate binevoitoare, dacă ar veni în lumea voastră, ar avea o influență atât de puternică și un impact atât de mare asupra voastră încât ați deveni dependenți de ei și nu v-ați întemeia propria tărie, putere și autonomie. Ați depinde atât de mult de tehnologia lor și de înțelegerea lor încât nu ar putea să vă părăsească. Mai mult decât atât, sosirea lor aici v-ar face și mai vulnerabili la interveniri în viitor. Căci v-ați dori tehnologia lor și v-ați propune să străbateți coridoarele comerțului din Marea Comunitate. Însă nu ați fi pregătiți și nu ați fi înțelepți.

Iată de ce prietenii voștri viitori nu se află aici. Iată de ce nu vin să vă ajute. Căci nu ați deveni puternici dacă ar face-o. Ați vrea să vă asociați cu ei, ați vrea să aveți alianțe cu ei, dar ați fi atât de slabi încât nu v-ați putea proteja singuri. În esență, ați deveni parte din cultura lor, ceea ce ei nu voiesc.

Poate că mulți oameni nu vor putea să înțeleagă ce spunem aici, dar în timp lucrul acesta va deveni perfect logic pentru voi și îi veți vedea înțelepciunea și necesitatea. În acest moment, sunteți mult prea fragili, prea distrași și prea conflictuali pentru a forma alianțe puternice, chiar și cu aceia care v-ar putea fi viitori prieteni. Umanitatea nu poate încă vorbi cu o singură voce, iar astfel sunteți vulnerabili la intervenție și manipulare de dincolo de granițele voastre.

Pe măsură ce realitatea Marii Comunități devine mai bine cunoscută în lumea voastră și dacă mesajul nostru poate ajunge la destui oameni, atunci va exista un consens tot mai puternic cu privire la faptul că există o problemă mai serioasă cu care umanitatea se confruntă. Problema aceasta ar putea crea un temei nou al cooperării și al consensului. Căci ce avantaj posibil ar putea avea o națiune din lumea voastră asupra alteia când întreaga lume se află sub amenințarea Intervenției? Și cine ar putea urmări să obțină putere individuală într-un mediu în care intervin forțe extraterestre? Ca libertatea să fie reală în lumea voastră, trebuie să fie împărtășită. Trebuie să fie conștientizată și cunoscută. Nu poate fi privilegiul celor puțini sau nu va exista nicio putere reală aici.

Înțelegem de la Cei Nevăzuți că deja există persoane care caută dominație globală pentru că aceste persoane sunt de părere că au binecuvântările și susținerea vizitatorilor. Au asigurarea vizitatorilor că vor fi sprijinite în goana lor după putere. Și totuși, la ce renunță acești oameni dacă nu la cheile propriei libertăți și la cheile libertății lumii lor? Sunt neștiutori și neînțelepți. Nu-și pot vedea eroarea.

Înțelegem, de asemenea, că sunt oameni care cred că vizitatorii sunt aici să reprezinte o renaștere spirituală și o nouă speranță pentru umanitate, dar cum pot ei ști, ei care nu știu nimic despre Marea Comunitate? Ei speră și își doresc să fie vorba despre asta, iar vizitatorii se adaptează la astfel de dorințe, din rațiuni foarte evidente.

Ce spunem aici este că nu poate exista nimic mai puțin decât libertate reală în lume, putere reală și unitate reală. Ne facem mesajul disponibil tuturor și avem încredere că pot fi primite și luate serios în considerare cuvintele noastre. Însă nu avem niciun control asupra răspunsului vostru. Iar superstițiile și fricile lumii ar putea face mesajul nostru de neatins pentru multe persoane. Cu toate acestea, perspectiva succesului rămâne posibilă. Să vă oferim mai mult, ar trebui să vă preluăm lumea, ceea ce nu vrem să facem. Așadar, oferim tot ceea ce putem oferi fără a ne amesteca în treburile voastre. Însă sunt mulți care vor amestec. Ei vor să fie scăpați sau salvați de altcineva. Nu au încredere în posibilitățile care există pentru umanitate. Ei nu cred în puterile și capacitățile inerente ale umanității. Își vor ceda libertatea de bună voie. Vor crede ce le spun vizitatorii. Și își vor servi noii stăpâni, crezând că ceea ce li se dă e propria lor eliberare.

Libertatea este un lucru prețios în Marea Comunitate. Nu uitați niciodată lucrul acesta. Libertatea voastră, libertatea noastră. Dar ce este libertatea dacă nu abilitatea de a urma Cunoașterea, realitatea pe care Creatorul v-a oferit-o, și de a exprima Cunoaștere și a aduce Cunoaștere în toate manifestările sale?

Vizitatorii voștri nu au această libertate. Le este necunoscută. Ei se uită la haosul din lumea voastră și sunt de părere că ordinea pe care o vor impune aici va fi izbăvitoare pentru voi și vă va salva de la propria autodistrugere. Asta este tot ce pot ei să ofere, căci asta e tot ceea ce au. Și vă vor folosi, dar ei nu consideră că acest lucru este nepotrivit, căci ei înșiși sunt folosiți și nu cunosc alternativă la lucrul acesta. Programarea lor, condiționarea lor, este atât de completă încât e foarte improbabil să ajungeți la ei la nivelul spiritualității lor mai adânci. Nu aveți tăria de a face acest lucru. Ar trebui să fiți mult mai puternici decât sunteți în prezent pentru a avea o influență izbăvitoare asupra vizitatorilor voștri. Și totuși, conformarea lor nu este atât de neobișnuită în Marea Comunitate. E foarte des întâlnită în colective de mari proporții, unde uniformitatea și supunerea sunt esențiale pentru o funcționare eficientă, în special în cazul celor întinse pe regiuni vaste din spațiu.

Așadar, nu priviți Marea Comunitate cu frică, ci cu obiectivitate. Condițiile pe care le descriem există în lumea voastră deja. Puteți înțelege aceste lucruri. Manipularea vă este cunoscută. Influența vă este cunoscută. Doar că nu le-ați întâlnit niciodată la scară atât de largă, nici nu a trebuit vreodată să concurați cu alte forme de viață inteligente. Drept urmare, încă nu aveți competențele necesare acestei concurențe.

Vorbim despre Cunoaștere pentru că reprezintă cea mai mare abilitate a voastră. Indiferent de tehnologia pe care o puteți dezvolta de-a lungul timpului, Cunoașterea e cea mai promițătoare perspectivă a voastră. Sunteți mult în urma vizitatorilor cu dezvoltarea voastră tehnologică, așa că trebuie să vă bazați pe Cunoaștere. Este cea mai mare forță din univers, iar vizitatorii voștri nu o folosesc. E singura voastră speranță. Din acest motiv, în Învățătura despre Spiritualitatea din Marea Comunitate, se predă Calea Cunoașterii, se prezintă *Pașii către Cunoaștere* și se predă Înțelepciune și Înțelegere din Marea Comunitate. Fără această pregătire, nu ați avea abilitatea sau perspectiva pentru a înțelege dilema pe care o aveți sau pentru a-i răspunde în mod eficient. Este prea mare. Este prea nouă. Iar voi nu sunteți adaptați la aceste împrejurări noi.

Influența vizitatorilor crește pe zi ce trece. Fiecare persoană care poate să audă lucrul acesta, să simtă lucrul acesta și să cunoască lucrul acesta trebuie să învețe Calea Cunoașterii, Calea Cunoașterii din Marea Comunitate. Această sarcină reprezintă o chemare. Este un dar. E o provocare.

În împrejurări mai plăcute, ei bine, nevoia ar putea să nu pară la fel de mare. Dar nevoia e imensă, căci nu există nicio siguranță, nu există niciun loc în care să vă ascundeți, nu există niciun adăpost pe pământ care să fie ferit de prezența extraterestră care se află aici. De aceea există doar două alegeri: puteți accepta tacit sau vă puteți apăra libertatea.

Iată marea decizie care se află în fața fiecărei persoane. Iată marele moment hotărâtor. Nu puteți fi nesăbuiți în Marea Comunitate. Este un mediu mult prea solicitant. Impune excelență, angajament. Lumea voastră este prea valoroasă. Resursele de aici sunt râvnite de alții. Poziția strategică a lumii voastre e foarte apreciată. Chiar dacă trăiați într-o oarecare lume retrasă, departe de toate rutele comerciale, departe de toate implicările comerciale, v-ar descoperi cineva în cele din urmă. Pentru voi, acea eventualitate s-a produs acum. Și este în plină desfășurare.

Așadar, prindeți curaj. Sunt vremuri ce impun curaj, nu ambivalență. Gravitatea situației cu care vă confruntați nu face decât să confirme importanța vieților voastre și a răspunsului vostru și importanța pregătirii care se oferă în lume în prezent. Nu se oferă numai pentru edificarea și progresul vostru. Se oferă, de asemenea, pentru protejarea voastră și pentru supraviețuirea voastră.

Întrebări și răspunsuri*

Simțim că este important, având în vedere informațiile pe care le-am furnizat până acum, să răspundem la întrebări care cu siguranță trebuie să apară în ceea ce privește realitatea noastră și importanța mesajelor pe care am venit să le oferim.

◆

„Ținând cont de lipsa dovezilor solide, de ce ar trebui oamenii să creadă ceea ce le spuneți despre Intervenție?

În primul rând, trebuie să existe foarte multe dovezi în privința vizitării lumii voastre. Ni s-a spus că așa stau lucrurile. Însă Cei Nevăzuți ne-au mai spus și faptul că oamenii nu știu cum să înțeleagă dovezile și că le dau ei un înțeles al lor acestor dovezi – un înțeles pe care preferă să îl dea, un înțeles care creează

---

* Mulți dintre primii cititori ai materialului aliaților au trimis întrebările acestea la Biblioteca New Knowledge.

confort și liniștire în general. Suntem siguri că există dovezi suficiente pentru confirmarea faptului că Intervenția se desfășoară în lume în prezent dacă omul își acordă timp să caute și să investigheze această problemă. Faptul că guvernele voastre sau liderii voștri religioși nu dezvăluie astfel de lucruri nu înseamnă că un asemenea eveniment major nu are loc printre voi.

◆

„*Cum pot ști oamenii că sunteți reali?*"

Cu privire la realitatea noastră, nu vă putem demonstra prezența noastră fizică, așa că trebuie să discerneți semnificația și importanța cuvintelor noastre. În punctul acesta, nu este pur și simplu vorba de păreri. Situația impune o recunoaștere superioară, o Cunoaștere, o rezonanță. Cuvintele pe care le spunem noi credem că sunt adevărate, dar asta nu garantează că pot fi primite astfel. Nu putem controla reacția la mesajul nostru. Există persoane care cer mai multe dovezi decât pot fi date. Pentru alte persoane, astfel de dovezi nu vor fi necesare, căci vor simți o confirmare lăuntrică.

Între timp, poate că rămânem o controversă, și totuși sperăm și avem încredere că pot fi luate serios în considerare cuvintele noastre și că dovezile reale existente, care sunt solide, pot fi strânse și înțelese de cei care sunt dispuși să-și concentreze eforturile asupra acestei sarcini și să o aducă în prim plan în viaţă. Din perspectiva noastră, nu există nicio problemă, nicio provocare şi nicio oportunitate mai mare pe care să vă concentraţi.

Aşadar, sunteţi la începutul unei înţelegeri noi. Credinţa şi încrederea în propriile puteri, într-adevăr, sunt necesare. Mulţi ne vor respinge cuvintele pur şi simplu pentru că ei nu cred că se poate ca noi să existăm.

Alte persoane poate vor crede că facem parte din vreo manipulare care se răspândeşte în lume. Nu putem controla aceste răspunsuri. Nu putem decât să ne dezvăluim mesajul şi prezenţa în viaţa voastră, oricât de îndepărtată ar fi această prezenţă. Nu prezenţa noastră de aici este de importanţă extremă, ci mesajul pe care am venit să-l dezvăluim şi perspectiva superioară şi înţelegerea superioară pe care vi le putem oferi. Educaţia voastră trebuie să înceapă undeva. Toate formele de educaţie încep cu dorinţa de a cunoaşte.

Sperăm ca prin discursurile noastre să vă putem câştiga măcar parţial încrederea ca să puteţi începe să dezvăluiţi ceea ce suntem aici să oferim.

◆

„Ce aveţi să le spuneţi acelora care văd Intervenţia ca pe un lucru pozitiv?"

Înţelegem, în primul rând, aşteptarea ca toate forţele din ceruri să fie înrudite cu înţelegerea spirituală, cu tradiţiile spirituale şi cu părerile fundamentale spirituale pe care le aveți. Ideea că există viață prozaică în univers contestă aceste presupuneri fundamentale. Din perspectiva noastră și având în vedere experiența propriilor noastre culturi, înțelegem aceste așteptări. În trecutul îndepărtat, noi înșine le mențineam. Și totuși a trebuit să renunțăm la ele în confruntarea realităților vieții din Marea Comunitate și a semnificației vizitării.

Trăiți într-un univers fizic măreț. Abundă în forme de viață. Aceste forme de viață reprezintă nenumărate manifestări și reprezintă, de asemenea, evoluția inteligenței și a gradului de conștientizare spirituală la toate nivelurile. Asta înseamnă că ce veți întâlni în Marea Comunitate cuprinde aproape toate posibilitățile.

Cu toate acestea, sunteți izolați și încă nu călătoriți în spațiu. Și chiar dacă ați fi avut capacitatea de a ajunge la o altă lume, universul este vast și nimeni nu a dobândit abilitatea, cu niciun fel de viteză, de a merge dintr-un capăt al galaxiei în celălalt. Așadar, universul fizic rămâne enorm și de neînțeles. Nimeni nu i-a stăpânit legile. Nimeni nu i-a cucerit teritoriile. Nimeni nu poate pretinde dominanță sau control total. Viața are un puternic efect umilitor în acest fel. Chiar și foarte departe de granițele voastre acest aspect este un adevăr.

Ar trebui să ajungeți, deci, să vă așteptați la faptul că veți întâlni inteligențe ce reprezintă forțe ale binelui, forțe ale ignoranței și pe cei care sunt mai neutri în privința voastră. Însă, în realitățile călătoriilor și explorărilor din Marea Comunitate, rasele emergente cum este rasa voastră vor întâlni ca prim contact cu viaţa din Marea Comunitate, aproape fără excepţie, exploratori de resurse, colective şi pe cei care caută avantaje pentru ei înşişi.

Cu privire la interpretarea pozitivă a vizitării, o parte din această tendinţă e formată din aşteptările umane şi dorinţa naturală de a întâmpina un rezultat bun şi de a căuta ajutor din Marea Comunitate pentru problemele pe care umanitatea nu şi le-a putut rezolva pe cont propriu. E normal să vă aşteptaţi la astfel de lucruri, în special când luaţi în considerare faptul că vizitatorii voştri au capacităţi mai mari decât voi. Cu toate acestea, o mare parte din problema cu interpretarea marelui fenomen al vizitării are de-a face cu voinţa şi agenda vizitatorilor în sine. Căci ei încurajează oamenii de pretutindeni să privească prezenţa lor aici drept benefică în totalitate pentru umanitate şi pentru necesităţile ei.

◆

„Dacă această Intervenţie este într-un stadiu aşa de avansat, de ce nu aţi venit mai devreme?"

Într-o perioadă mai timpurie, cu mulţi ani în urmă, câteva grupuri ale aliaţilor voştri au venit în lumea voastră în vizită în încercarea de a aduce un mesaj de speranţă, pentru a pregăti umanitatea. Dar, din păcate, mesajele lor nu au putut fi înţelese şi au fost abuzate de acele câteva persoane care le-au putut primi. În urma sosirii lor, vizitatorii din partea colectivelor s-au adunat și s-au strâns aici. Era cunoscut de noi faptul că lucrul acesta se va întâmpla, căci lumea voastră este mult prea valoroasă pentru a fi trecută cu vederea, și, așa cum am spus, nu există într-o parte retrasă și îndepărtată din univers. Lumea voastră este observată de multă vreme de cei care ar căuta să o folosească în propriul beneficiu.

◆

„De ce nu pot aliații noștri să oprească Intervenția?"

Nu suntem aici decât pentru a observa și a sfătui. Marile decizii cu care se confruntă umanitatea sunt în mâinile voastre. Nimeni altcineva nu poate lua aceste decizii pentru voi. Nici măcar bunii voștri prieteni din vecinătățile îndepărtate de lumea voastră nu ar interveni, căci dacă ar face-o, asta ar cauza război, iar lumea voastră ar deveni un câmp de luptă între forțe opuse. Iar dacă prietenii voștri ar ieși învingători, ați deveni întru-totul dependenți de ei, incapabili de a vă îngriji singuri sau de a vă menține propria securitate în univers. Nu cunoaștem nicio rasă binevoitoare care ar căuta să poarte această povară. Și, în mod real, nici nu v-ar servi.

Căci ați deveni un stat client al altei puteri și ar trebui să fiți guvernați din depărtare. Lucrul acesta nu este benefic pentru voi în niciun fel și de aceea nu se întâmplă. Însă vizitatorii se vor prezenta drept izbăvitori și salvatori ai umanităţii. Se vor folosi de naivitatea voastră. Vor profita de aşteptările voastre şi vor căuta să beneficieze în întregime de încrederea voastră.

Aşadar, ne dorim sincer ca aceste cuvinte ale noastre să servească drept antidot la prezenţa lor şi la manipularea şi abuzul lor. Căci drepturile voastre sunt încălcate. Teritoriul vostru este infiltrat. Guvernele voastre se află în proces de a fi convinse. Iar ideologiile şi impulsurile voastre religioase sunt reorientate.

Trebuie să existe o voce a adevărului în privinţa acestui lucru. Şi nu putem decât să avem încredere că puteţi primi această voce a adevărului. Nu putem decât să sperăm că actele de convingere nu au depăşit limita.

◆

„Care sunt obiectivele realiste de stabilit şi care este ideea de bază în ceea ce priveşte salvarea umanităţii de la pierderea autodeterminării?"

Primul pas este conştientizarea. Mulţi oameni trebuie să devină conştienţi că Pământul este vizitat şi că aici se află puteri străine funcţionând într-o manieră clandestină, căutând să-şi ascundă planul şi eforturile de înţelegerea umană. Trebuie să fie foarte clar faptul că prezenţa lor aici este o provocare majoră la adresa libertăţii şi autodeterminării umane. Planul pe care îl avansează şi Programul de Pacificare pe care îl sponsorizează trebuie să fie contracarate cu sobrietate și înțelepciune în ceea ce le privește prezența. Această contracarare trebuie să aibă loc. Există mulți oameni în lume în prezent care sunt capabili să înțeleagă asta. Așadar, primul pas este conștientizarea. Următorul pas constă în educație. Este necesar pentru mulți oameni din diferite culturi și din diferite națiuni să învețe despre viața din Marea Comunitate și să înceapă să cuprindă cu ce vă veți confrunta și cu ce vă confruntați chiar și în acest moment.

Așadar, conștientizarea și educația sunt obiective realiste. Aceste lucruri în sine ar împiedica planul vizitatorilor în lume. Ei funcționează acum cu foarte puțină opoziție. Întâmpină puține obstacole. Toți cei care caută să-i vadă drept „aliații umanității" trebuie să învețe că lucrurile nu arată așa. Poate cuvintele noastre nu vor fi suficiente, dar sunt un început.

◆

„Unde putem găsi această educație?"

Educația poate fi găsită în Calea Cunoașterii din Marea Comunitate, care se prezintă în lume în această perioadă. Deși prezintă o nouă înțelegere despre viață și spiritualitate în univers, este legată de toate căile autentice spirituale care deja există în lumea voastră – căi spirituale care prețuiesc libertatea umană și înțelesul adevăratei spiritualități și care prețuiesc cooperarea, pacea și armonia în familia umană.

Așadar, învățătura ce privește Calea Cunoașterii evocă toate marile adevăruri care deja există în lumea voastră și le oferă un context superior și o dimensiune superioară de expresie. În acest fel, Calea Cunoașterii din Marea Comunitate nu înlocuiește religiile lumii, ci oferă un context mai larg în care acestea pot fi cu adevărat pline de înțeles și relevante vremurilor voastre.

◆

„Cum le transmitem altora mesajul vostru?"

Adevărul trăiește înăuntrul fiecărei persoane în momentul acesta. Dacă vă puteți adresa adevărului dintr-o persoană, va deveni mai puternic și va începe să rezoneze. Marea noastră speranță, speranța Celor Nevăzuți, forțele spirituale care vă servesc lumea, și speranța acelora care prețuiesc libertatea umană și își doresc să vadă apariția voastră în Marea Comunitate împlinită cu succes, se bazează pe acest adevăr care trăiește înăuntrul fiecărei persoane. Nu putem forța asupra voastră această conștiință. Nu putem decât să v-o dezvăluim și să avem încredere în măreția Cunoașterii pe care Creatorul v-a dat-o care vă poate permite vouă și altora să răspundeți.

◆

„Care sunt puterile umanității în ceea ce privește împotrivirea Intervenției?"

Mai întâi, înțelegem, din observarea lumii voastre și din ce ne-au spus Cei Nevăzuți în privința lucrurilor pe care nu le putem vedea, că deși au apărut probleme serioase în lume, există suficientă libertate umană ca să vă dea un temei spre a vă împotrivi Intervenției. Acest fapt contrastează cu multe alte lumi în care, de la bun început, libertatea individuală nici măcar nu luase naștere. Pe măsură ce lumile acestea întâmpină forțe extraterestre în rândurile lor și realitatea vieții din Marea Comunitate, posibilitatea de a pune bazele libertății și ale independenței este foarte limitată în ceea ce le privește.

Așadar, aveți o mare putere în faptul că libertatea umană se cunoaște în lumea voastră și mulți oameni o prețuiesc, deși poate că nu toți. Știți că aveți ceva de pierdut. Prețuiți ce aveți deja, oricare ar fi măsura în care s-a creat. Nu vreți să fiți conduși de puteri străine. Nu vreți nici măcar să fiți conduși dur de autoritățile umane. Așadar, acesta este un început.

Apoi, datorită faptului că lumea voastră are tradiții spirituale bogate care au cultivat Cunoaștere în om și care au cultivat cooperare și înțelegere umană, realitatea Cunoașterii a luat deja naștere. Încă o dată, în alte lumi în care Cunoașterea nu a luat naștere niciodată, posibilitatea introducerii acestei realităţi la răscrucea apariţiei în Marea Comunitate nu prea are speranţe de succes. Cunoaşterea este suficient de puternică în destui oameni aici încât aceştia ar putea reuşi să înveţe despre realitatea vieţii din Marea Comunitate şi să cuprindă ce are loc printre ei în acest moment. De aceea suntem încrezători, căci avem încredere în înţelepciunea umană. Ne încredem în faptul că oamenii se pot ridica mai presus de egoism, de preocuparea de sine şi de autoprotecţie pentru a vedea viaţa într-un mod mai înalt şi pentru a simţi o responsabilitate mai puternică în slujba semenilor lor.

Poate că e nefondată credinţa noastră, dar avem încredere că Cei Nevăzuţi ne-au sfătuit în mod înţelept în privinţa acestui aspect. În consecinţă, ne-am pus singuri în pericol aflându-ne în proximitatea lumii voastre şi fiind martori la evenimentele de dincolo de graniţele voastre care au impact direct asupra viitorului şi destinului vostru.

Umanitatea promite foarte mult. Sunteţi tot mai conştienţi de problemele din lumea voastră–lipsa de cooperare dintre naţiuni, degradarea mediului vostru natural, resursele voastre în diminuare şi aşa mai departe. Dacă aceste probleme erau necunoscute de oameni, dacă aceste realităţi ar fi fost ascunse de oameni, până în punctul în care oamenii nu ar avea habar despre existenţa lor, atunci nu am fi la fel de încrezători. Însă, realitatea faptului că umanitatea are potenţialul şi speranţa de a contracara orice intervenţie în lume rămâne valabilă.

◆

„Are această Intervenție de gând să devină o invazie militară?

Așa cum am spus, lumea voastră este prea valoroasă ca să incite o invazie militară. Niciunul dintre cei care vă vizitează lumea nu vrea să-i distrugă infrastructura sau resursele naturale. De aceea vizitatorii nu caută să distrugă umanitatea, dar în schimb, caută să implice umanitatea în slujba colectivelor lor.

Nu invazia militară vă amenință. Amenințarea constă în puterea de a îndemna și de a convinge. Puterea aceasta se va consolida în baza slăbiciunii voastre, a egoismului vostru, în baza ignoranței voastre față de viața din Marea Comunitate și în baza optimismului vostru orb cu privire la viitorul vostru și la înțelesul vieții de dincolo de granițele voastre.

Pentru a contracara această amenințare, oferim educație și vorbim despre mijloacele de pregătire care sunt trimise în lume în această perioadă. Dacă nu cunoșteați deja libertatea umană, dacă nu erați deja conștienți de problemele specifice lumii voastre, atunci nu v-am putea încredința o asemenea pregătire. Și nu am avea încredere că ar rezona cuvintele noastre cu adevărul lucrurilor pe care le știți.

◆

„Puteți să influențați oamenii la fel de puternic precum vizitatorii, dar în bine?"

Nu avem intenția să influențăm persoane. Intenția noastră nu este decât să prezentăm problema și realitatea în care vă faceți apariția. Cei Nevăzuți oferă mijloacele actuale de pregătire, căci acestea vin de la Dumnezeu. În acest sens, Cei Nevăzuți influențează oamenii în bine. Dar există limitări. Așa cum am spus, trebuie să fie întărită autodeterminarea voastră. Trebuie să fie crescută puterea voastră. Trebuie să fie sprijinită cooperarea voastră în rândurile familiei umane.

Există limite în privința măsurii de ajutor pe care v-o putem oferi. Grupul nostru este mic. Noi nu pășim printre voi. Așadar, marea înțelegere a noii voastre realități trebuie să fie împărtășită de la persoană la persoană. Nu poate fi forțată asupra voastră din partea vreunei puteri străine, chiar dacă ar fi pentru binele vostru. Nu v-am susține, atunci, libertatea și autodeterminarea dacă am fi sponsorizat vreun astfel de program de convingere. Aici nu puteți fi precum copiii. Trebuie să deveniți maturi și responsabili. Este în joc libertatea voastră. Este în joc lumea voastră. E nevoie de cooperare între voi.

Acum aveți o cauză majoră pentru a vă uni rasa, căci niciunul dintre voi nu va beneficia fără celălalt. Nicio națiune nu va beneficia dacă vreo altă națiune cade sub control

extraterestru. Libertatea umană trebuie să fie totală.
Cooperarea trebuie să aibă loc pretutindeni în lumea voastră.
Căci toată lumea este în aceeași situație acum. Vizitatorii nu
favorizează vreun grup în detrimentul altuia, vreo rasă în
detrimentul alteia. Ei nu caută decât calea minimei rezistențe
spre a-și întemeia prezența și a institui dominația lumii
voastre.

◆

„Cât de extinsă este infiltrarea lor în umanitate?"

Vizitatorii au o prezență semnificativă în cadrul celor mai
avansate națiuni din lumea voastră, în special în națiunile
Europei, în Rusia, în Japonia și în Statele Unite. Acestea sunt
văzute ca fiind cele mai puternice națiuni, având cea mai
mare putere și influență. Acolo se vor concentra vizitatorii.
Însă, ei iau oameni din întreaga lume și își avansează
Programul de Pacificare prin toți cei pe care îi capturează,
dacă acele persoane pot fi sensibile la influența lor. Așadar,
prezența vizitatorilor este globală, dar se concentrează pe cei
în privința cărora au speranțe că le vor deveni aliați. Acești
potențiali aliați înseamnă națiunile și guvernele și liderii
religioși care au cea mai mare putere și stăpânire asupra
gândului uman și asupra certitudinii umane.

◆

„Cât timp avem la dispoziție?"

Cât timp aveți la dispoziție? Aveți ceva timp, nu putem spune cât. Dar venim cu un mesaj urgent. Aceasta nu este o problemă care poate fi pur și simplu evitată sau negată. Din perspectiva noastră, e cea mai importantă provocare cu care se confruntă umanitatea. Este cea mai îngrijorătoare, prima prioritate. Ați întârziat în pregătirea voastră. Această întârziere a fost cauzată de mulți factori dincolo de controlul nostru. Dar este timp, dacă puteți răspunde. Rezultatul este nesigur și totuși există încă speranță pentru succesul vostru.

◆

„Cum ne putem concentra pe această Intervenție fiind dată imensitatea celorlalte probleme globale care au loc chiar acum?"

În primul rând, simțim că nu există nicio altă problemă în lume care să fie atât de importantă ca aceasta. Din perspectiva noastră, orice puteți rezolva pe cont propriu nu va avea aproape niciun înțeles în viitor dacă libertatea voastră se pierde. Ce ați putea spera să obțineți? Ce ați putea spera să realizați sau să asigurați dacă nu sunteți liberi în Marea Comunitate? Toate realizările voastre ar fi date noilor voștri guvernatori; toată bogăția voastră le-ar fi conferită lor. Cu toate că vizitatorii voștri nu sunt cruzi, ei sunt în totalitate devotați planului lor. Nu sunteți prețuiți decât în măsura în care puteți fi folositori cauzei lor. Din acest motiv nu simțim că există vreo altă problemă cu care umanitatea se confruntă care să fie la fel de importantă ca aceasta.

◆

„Cine va răspunde acestei situații?"

În privința celor care pot răspunde, există mulți oameni în lume la ora actuală care au o cunoaștere inerentă a Marii Comunități și care sunt sensibili la aceasta. Există mulți alții care au fost luați de vizitatori deja dar care nu au cedat în fața lor sau în fața puterii lor de convingere. În plus, există mulți alții care sunt îngrijorați în ceea ce privește viitorul umanității și care știu de pericolele cu care umanitatea se confruntă. Oameni din toate sau din oricare aceste trei categorii ar putea fi printre primii care să răspundă realității Marii Comunități și pregătirii pentru Marea Comunitate. Ei pot veni din orice domeniu al vieții, din orice națiune, din orice mediu religios și din orice grup economic. Ei sunt la propriu pretutindeni pe pământ. De ei și de răspunsul lor depind marile Puteri Spirituale care protejează și supraveghează bunăstarea umană.

◆

„Ați menționat faptul că sunt luate persoane în întreaga lume. Cum se pot oamenii proteja pe ei sau pe alții de răpiri?"

Cu cât puteți să deveniți mai puternici în Cunoaștere și mai conștienți de prezența vizitatorilor, cu atât mai puțin deveniți subiecte de dorit pentru studiul și manipularea lor. Cu cât vă folosiți mai mult de întâlnirile cu ei pentru a căpăta o mai bună cunoaștere în ceea ce-i privește, cu atât mai mult deveniți un pericol. Așa cum am spus, ei caută calea minimei rezistențe. Vor indivizi care sunt ascultători și care cedează. Îi vor pe cei care le cauzează puține probleme și îngrijorări.

Însă pe măsură ce ajungeți puternici în Cunoaștere, veți fi dincolo de controlul lor pentru că acum ei nu vă mai pot capta mintea și inima. Iar cu timpul, veți avea puterea percepției de a le pătrunde mințile, ceea ce nu-și doresc. Apoi deveniți un pericol pentru ei, o provocare pentru ei, și vă vor evita dacă pot.

Vizitatorii nu vor să fie dezvăluiți. Nu-și doresc conflict. Ei sunt mult prea încrezători că pot să-și realizeze obiectivele fără opoziție serioasă din partea familiei umane. Dar odată ce se naște o astfel de opoziție, odată ce puterea Cunoașterii se trezește în individ, atunci vizitatorii se confruntă cu un obstacol mult mai formidabil. Intervenția lor aici devine contracarată și mai greu de realizat. Iar capacitatea lor de a convinge devine mai greu de săvârșit asupra celor de la putere. Așadar, răspunsul și devotamentul persoanei în ceea ce privește adevărul sunt lucrurile esențiale aici.

Deveniți conștienți de prezența vizitatorilor. Nu cedați la influența ideii că prezența lor aici ar fi de o natură spirituală sau că ar avea mari beneficii sau ar salva umanitatea. Împotriviți-vă influenței. Redobândiți-vă propria autoritate lăuntrică, marele dar pe care Creatorul vi l-a dat. Deveniți o forță de temut pentru toți cei care v-ar încălca sau care v-ar nega drepturile fundamentale.

Iată cum se exprimă Puterea Spirituală. Voința Creatorului dorește ca umanitatea să-și facă apariția în Marea Comunitate, unită în sine și liberă de intervenție și dominație străină. Voința Creatorului dorește să vă pregătiți pentru un viitor care nu va fi cum v-a fost trecutul. Ne aflăm aici în slujba Creatorului, iar astfel prezența și cuvintele noastre servesc acest scop.

◆

„Dacă vizitatorii întâmpină opoziție în umanitate sau în anumiți indivizi, vor veni în număr mai mare sau vor pleca?"

Numărul lor nu este mare. În cazul în care vor întâlni opoziție considerabilă, vor fi nevoiți să se retragă și să-și facă planuri noi. Sunt cu totul și cu totul încrezători că misiunea lor poate fi îndeplinită fără obstacole serioase. Însă dacă vor apărea obstacole serioase, atunci intervenția lor și încercările lor de convingere ar fi împiedicate şi vor fi nevoiţi să găsească alte căi de a lua legătura cu umanitatea.

Avem încredere că familia umană poate genera suficientă opoziţie şi suficient consens pentru a contracara aceste influenţe. Pe asta ne bazăm speranţa şi eforturile.

◆

„Care sunt cele mai importante întrebări pe care trebuie să ni le punem în ceea ce priveşte această problemă a infiltrării extraterestre?"

Poate cele mai critice întrebări pe care trebuie să vi le puneţi sunt, „Oare noi oamenii suntem singuri în univers sau în propria lume? Suntem vizitaţi în prezent? Este benefică pentru noi această vizitare? Oare trebuie să ne pregătim?"

Acestea sunt întrebări fundamentale, dar trebuie să fie puse. Există multe întrebări, însă, la care nu se poate răspunde, căci nu ştiţi destule despre viaţa din Marea Comunitate şi încă nu sunteţi încrezători că aveţi abilitatea de a contracara aceste influenţe. Există multe lucruri care lipsesc în educaţia umană, care este în primul rând concentrată pe trecut. Umanitatea iese dintr-o stare lungă de relativă izolare. Educaţia sa, valorile sale şi instituţiile sale au luat toate naştere în această stare de izolare. Însă izolarea voastră a luat sfârşit acum, pentru totdeauna. S-a ştiut mereu că acest lucru se va întâmpla. Era inevitabil să se întâmple. Aşadar, educaţia voastră şi valorile voastre intră într-un context nou, la care trebuie să se adapteze. Iar adaptarea trebuie să aibă loc repede din cauza naturii Intervenției în lume în prezent.

Vor exista multe întrebări la care nu puteți răspunde. Va trebui să trăiți cu ele. Educația voastră despre Marea Comunitate este abia la început. Trebuie să o abordați cu mare sobrietate și grijă. Trebuie să vă contracarați propriile tendințe de a încerca să faceți situația plăcută sau liniștitoare. Trebuie să dezvoltați o imparțialitate în legătură cu viața și trebuie să priviți dincolo de sfera proprie și personală de interese pentru a vă putea pune într-o poziție de a răspunde marilor forțe și evenimente care vă conturează lumea și viitorul.

◆

„Dacă nu pot răspunde destui oameni?"

Suntem încrezători că destui oameni pot să răspundă și să înceapă marea lor educație despre viața din Marea Comunitate pentru a crea speranță și potențial în familia umană. Dacă lucrul acesta nu poate fi înfăptuit, atunci cei care își prețuiesc libertatea și care au această educație vor trebui să se retragă. Vor trebui să țină Cunoașterea în viață pe pământ pe măsură ce lumea cade sub control total. Aceasta este o alternativă foarte gravă, și totuși s-a întâmplat în alte lumi. Călătoria înapoi la libertate dintr-o asemenea poziție este destul de dificilă. Sperăm că nu așa va arăta soarta voastră și de aceea suntem aici oferindu-vă aceste informații. Așa cum am spus, există destui oameni în lume care sunt capabili să contracareze intențiile vizitatorilor și să împiedice influența lor asupra treburilor și valorilor umane.

◆

„Vorbiți despre alte lumi care își fac apariția în Marea Comunitate. Puteți vorbi despre succesele și eșecurile care ar putea avea legătură cu situația noastră?"

Au existat succese sau nu am fi aici. În cazul meu, ca vorbitor al grupului nostru, lumea noastră fusese deja infiltrată într-o mare măsură înainte să realizăm situația în cauză. Educația noastră a fost determinată de sosirea unui grup așa cum suntem și noi, ce aducea înțelegere și informații privindu-ne situația. Aveam negustori extratereștri de resurse în lumea noastră care interacționau cu guvernul nostru. Cei care erau la putere la acea vreme au fost convinși de extratereștri că relațiile de afaceri și comerțul ar fi benefice pentru noi, căci începuserăm să experimentăm epuizarea resurselor. Deși rasa noastră era unită, spre deosebire de a voastră, am început să depindem în întregime de noua tehnologie și noile oportunități care ni se prezentau. Însă odată cu nașterea acestui lucru, s-a petrecut o schimbare în centrul puterii. Deveneam clienții. Vizitatorii deveneau furnizorii. Odată cu trecerea timpului, ne-au fost impuse termene și restricții, în mod subtil la început.

Accentul nostru religios și credințele noastre religioase erau și ele influențate de vizitatori, care demonstrau interes pentru valorile noastre spirituale dar care își doreau să ne aducă o nouă înțelegere, o înțelegere bazată pe colectiv, bazată pe cooperarea la unison a minților ce gândesc la fel. Această înțelegere i-a fost prezentată rasei noastre ca expresie a spiritualității și reușitei. Unii au fost convinși, însă datorită faptului că am fost bine sfătuiți de aliații noștri de dincolo de lumea noastră, aliați cum suntem noi, am început să pregătim o mișcare de împotrivire și cu trecerea timpului am reușit să forțăm vizitatorii să ne părăsească lumea.

De atunci, am învățat foarte multe lucruri despre Marea Comunitate. Comerțul pe care îl menținem este foarte selectiv, doar cu câteva alte națiuni. Am putut evita colectivele, iar lucrul acesta ne-a menținut libertatea. Cu toate acestea, succesul nostru a fost dificil de realizat, căci mulți dintre noi au fost nevoiți să moară în fața acestui conflict. Povestea noastră este una de succes, dar nu lipsită de costuri. Există și alții în grupul nostru care au experimentat dificultăți similare în interacțiunea lor cu forțe ce intervin din Marea Comunitate. Însă, datorită faptului că în cele din urmă am învățat cu toții să călătorim dincolo de granițele noastre, am format alianțe între noi. Am putut să învățăm ce înseamnă spiritualitatea în Marea Comunitate. Iar Cei Nevăzuți, care servesc și lumea noastră, ne-au ajutat în această privință să facem marea tranziție de la izolare la pragul de conștientizare a Marii Comunități.

Însă au existat multe eșecuri de care suntem conștienți. Culturile în care popoarele indigene nu dăduseră naștere libertății personale sau nu gustaseră fructele cooperării, chiar dacă progresau tehnologic, nu au avut temeiul necesar stabilirii propriei independențe în univers. Abilitatea lor de a se opune colectivelor era foarte limitată. Convins de promisiuni de putere mai mare, tehnologie superioară și bogății mai mari și convins de beneficiile aparente ale comerțului din Marea Comunitate, centrul lor de putere le-a părăsit lumea. În final, au devenit cu totul și cu totul dependenți de cei care îi aprovizionau și care căpătaseră controlul resurselor și al infrastructurilor lor.

Vă puteți imagina cu siguranță un astfel de scenariu. Până și în propria voastră lume, potrivit istoriei voastre, ați văzut națiuni mai mici care au căzut sub dominația altora mai mari. Puteți vedea lucrul acesta chiar și astăzi. Așadar, aceste idei nu sunt în întregime străine pentru voi. În Marea Comunitate, precum în lumea voastră, cei puternici îi vor domina pe cei slabi, dacă pot. Aceasta este o realitate a vieții pretutindeni. De aceea vă încurajăm conștientizarea și pregătirea, ca să puteți deveni puternici și ca autodeterminarea voastră să poată crește.

Pentru multe persoane, ar putea fi o dezamăgire foarte mare să înțeleagă și să afle faptul că libertatea este rară în univers. Pe măsură ce națiunile devin mai puternice și mai tehnologice, ele au nevoie de uniformitate și conformare tot mai mare în rândul popoarelor lor. Pe măsură ce își formează punți de legătură în Marea Comunitate și devin implicate în afacerile din Marea Comunitate, toleranța la exprimare individuală se diminuează până în punctul în care națiunile de proporții mari care au bogăție și putere ajung să fie guvernate cu o strictețe și cu o atitudine atât de severă încât vi s-ar părea oribile.

Aici trebuie să aflați că progresul tehnologic și progresul spiritual nu reprezintă același lucru, o lecție pe care umanitatea încă nu a învățat-o și pe care trebuie să o învățați dacă aveți de gând să vă exercitați înțelepciunea naturală în aceste chestiuni.

Lumea voastră e foarte prețuită. Este bogată din punct de vedere biologic. Stați pe un premiu pe care trebuie să-l protejați dacă aveți de gând să-i fiți supraveghetori și beneficiari. Gândiți-vă la popoarele din lumea voastră care și-au pierdut libertatea din cauză că trăiau într-un loc considerat valoros de alții. Acum întreaga familie umană se află în primejdia aceasta.

◆

„Din cauza faptului că vizitatorii sunt atât de capabili în proiectarea gândurilor și în influențarea mediului mental al oamenilor, cum ne asigurăm că ceea ce vedem este real?"

Singurul temei pentru percepție înțeleaptă este cultivarea Cunoașterii. Dacă credeți numai ceea ce vedeți, atunci veți crede numai ce vi se arată. Sunt mulți, ni s-a spus, care au această perspectivă. Însă noi am învăţat că cei înţelepţi de pretutindeni trebuie să capete o pătrundere mai puternică şi un mai bun discernământ. Este adevărat că vizitatorii voştri pot proiecta imagini cu sfinţii voştri şi cu personalităţile voastre religioase. Deşi acest lucru nu se practică des, cu siguranţă poate fi folosit pentru a evoca devotament şi dăruire în rândul celor care deja sunt orientaţi către astfel de păreri. Aici spiritualitatea voastră devine o zonă de vulnerabilitate unde trebuie să vă folosiţi de înţelepciune.

Însă Creatorul v-a dăruit Cunoaştere ca temei al adevăratului discernământ. Puteţi să cunoaşteţi ceea ce vedeţi dacă vă întrebaţi singuri dacă este real. Însă pentru a face lucrul acesta, trebuie să aveţi acest temei şi de aceea învăţătura despre Calea Cunoaşterii este atât de fundamentală descoperirii Spiritualităţii din Marea Comunitate. Fără acest discernământ real, oamenii vor crede ceea ce vor să creadă şi se vor baza pe ceea ce văd şi pe ceea ce li se arată. Iar potenţialul lor pentru libertate va fi fost pierdut deja, căci din start, nu i-a permis să înflorească.

◆

„Vorbiţi de necesitatea de a ţine în viaţă Cunoaşterea. De câte persoane va fi nevoie pentru a ţine Cunoaşterea în viaţă pe pământ?"

Nu vă putem da un număr, dar trebuie să fie suficient de puternică pentru a genera un glas în cadrul propriilor voastre culturi. Dacă acest mesaj nu poate fi primit decât de câteva persoane, nu vor avea acest glas sau această tărie. Aici, aceste persoane trebuie să-și împărtășească înțelepciunea. Nu poate fi numai și numai pentru luminarea lor. Mult mai mulți oameni trebuie să afle despre acest mesaj, mult mai mulți decât cei care îl pot primi astăzi.

◆

„Există vreun pericol în prezentarea acestui mesaj?"

Există întotdeauna un pericol în prezentarea adevărului, nu numai în lumea voastră, ci și în alte părți. Oamenii capătă avantaje de pe urma împrejurărilor așa cum există în prezent. Vizitatorii le vor oferi avantaje celor de la putere care îi pot primi și care nu sunt puternici în Cunoaștere. Oamenii devin obișnuiți cu aceste avantaje și își construiesc viețile în baza lor. Asta îi face să se opună sau chiar să fie ostili față de prezentarea adevărului, care le cere responsabilitatea în slujba altora și care ar putea amenința temeiul bogăției și reușitelor lor.

De aceea suntem ascunși și nu pășim pe planeta voastră. Vizitatorii cu siguranță ne-ar distruge dacă ne-ar putea găsi. Dar și umanitatea ar putea căuta să ne distrugă din cauza lucrurilor pe care le reprezentăm, din cauza provocării și a noii realități pe care le prezentăm. Nu toată lumea este pregătită să primească adevărul deși este foarte mare nevoie de el.

◆

„Pot persoanele care sunt puternice în Cunoaștere să-i influențeze pe vizitatori?"

Șansa de succes aici este foarte limitată. Vă confruntați cu un colectiv de ființe care au fost născute să se conformeze, ale căror viață și experiență au fost cuprinse și generate de o mentalitate colectivă. Ei nu gândesc singuri. Din acest motiv, noi nu suntem de părere că i-ați putea influența. Sunt puțini în rândul familiei umane care au puterea de a face acest lucru, dar chiar și aici posibilitatea de succes ar fi foarte limitată. Așa că răspunsul trebuie să fie „Nu". Din rațiuni practice, nu-i puteți câștiga de partea voastră.

◆

„În ce fel diferă colectivele de o umanitate unită?"

Colectivele sunt formate din rase diferite și din cei care sunt crescuți să servească acele rase. Multe dintre ființele care sunt întâlnite în lume sunt crescute de colective să fie servitori. Moștenirea genetică și-au pierdut-o demult. Sunt crescute să servească, așa cum voi creșteți animale să vă servească. Cooperarea umană pe care o promovăm este o cooperare care păstrează autodeterminarea oamenilor și care creează o poziție de putere din care umanitatea poate interacționa nu numai cu colectivele, ci și cu alții care vă vor vizita meleagurile în viitor.

Un colectiv este bazat pe o singură convingere, o singură serie de principii și o singură autoritate. Își pune accentul pe supunere totală față de o idee sau un ideal. Orientarea aceasta se generează nu doar în educația vizitatorilor voștri, ci și în codul lor genetic. De aceea se comportă așa cum se comportă. Acesta este în egală măsură punctul lor tare cât și punctul lor slab. Au mare putere în mediul mental pentru că mințile lor sunt unite. Dar sunt slabi pentru că nu pot gândi singuri. Nu pot face față foarte bine lucrurilor complexe sau adversității. Un bărbat sau o femeie aproape de Cunoaștere ar fi de neînțeles pentru ei.

Umanitatea trebuie să se unească ca să-și păstreze libertatea, dar unitatea aceasta are o formă foarte diferită de constituirea unui colectiv. Noi le numim „colective" pentru că sunt colective de diferite rase și naționalități. Colectivele nu reprezintă o singură rasă. Deși există multe rase în Marea Comunitate care sunt stăpânite de o autoritate dominantă, un colectiv reprezintă o organizație care depășește loialitatea unei singure rase față de propria lume.

Colectivele pot avea mare putere. Însă din cauză că există multe colective, ele tind să concureze reciproc, lucru ce împiedică dominanța vreunuia dintre ele. De asemenea, diverse națiuni din Marea Comunitate au dispute foarte vechi între ele, care sunt greu de atenuat. Poate că ele concurează de multă vreme pentru aceleași resurse. Poate concurează între ele pentru a vinde resursele pe care le au. Însă un colectiv este o chestiune diferită. După cum spuneam, un colectiv nu se bazează pe o singură rasă sau pe o singură lume. Colectivele s-au născut din cuceriri şi dominaţie. Vizitatorii voştri sunt constituiţi din rase diferite de fiinţe la niveluri diferite de autoritate şi stăpânire din acest motiv.

◆

„În alte lumi care s-au unificat cu succes, şi-au menţinut libertatea individuală a gândirii?"

În diferite măsuri. Unele într-o măsură foarte mare, altele mai puţin, în funcţie de istoria lor, de structura lor psihologică şi de nevoile propriei supravieţuiri. Viaţa voastră a fost relativ uşoară pe pământ în comparaţie cu locurile în care alte rase s-au dezvoltat. Majoritatea locurilor unde există forme de viaţă inteligente au fost colonizate, căci nu există multe planete terestre ca a voastră care să ofere o asemenea bogăţie de resurse biologice. Libertatea lor, în mare parte, a depins de bogăţia mediilor lor. Dar toate au avut succes în ceea ce priveşte contracararea infiltrării extraterestre şi şi-au creat propriile rute de comerţ şi comunicare în baza propriei autodeterminări. Această reuşită este rară şi trebuie câştigată şi protejată.

◆

„Ce trebuie făcut pentru a reuşi să ajungem la unitate umană?"

Umanitatea este foarte vulnerabilă în Marea Comunitate. Vulnerabilitatea aceasta, în timp, poate cultiva o formă fundamentală de cooperare în rândurile familiei umane, căci trebuie să vă alăturaţi şi să vă uniţi pentru a supravieţui şi pentru a progresa. E o chestiune ce face parte din procesul de a deveni conştienţi de Marea Comunitate. Dacă această cooperare se bazează pe principiile contribuţiei umane, libertăţii umane şi exprimării de sine umană, atunci autonomia voastră poate deveni foarte puternică şi foarte bogată. Dar trebuie să existe o cooperare mai puternică în lume. Oamenii nu pot continua să trăiască numai pentru ei sau să-şi stabilească obiectivele mai presus de nevoile tuturor celorlalţi. Unele persoane ar putea privi lucrul acesta ca pe o pierdere a libertăţii. Noi îl vedem ca pe o garanţie a libertăţii din viitor. Căci cunoscând atitudinile curente predominante din lume în prezent, libertatea voastră din viitor ar fi foarte greu de asigurat şi de păstrat. Luaţi aminte. Cei conduşi de propriul egoism sunt candidaţii perfecţi pentru influenţele şi manipulările din exterior. Dacă aceştia sunt în poziţii de putere, vor preda bogăţia naţiunii lor, libertatea naţiunii lor şi resursele naţiunii lor pentru a obţine avantaje pentru ei.

Aşadar, este necesară o cooperare mai puternică. Puteţi observa cu siguranţă această necesitate. Este aparentă cu siguranţă chiar şi în lumea voastră. Dar cooperarea aceasta arată foarte diferit de viaţa unui colectiv, unde rasele au fost dominate şi controlate, unde cei ascultători sunt aduşi în colective iar restul sunt îndepărtaţi sau distruşi. În mod sigur o asemenea structură, deşi poate avea influenţă considerabilă, nu poate fi benefică pentru membrii săi. Şi totuşi, aceasta este calea pe care au luat-o mulţi din Marea Comunitate. Nu vrem să vedem cum cade umanitatea într-o astfel de organizaţie. Asta ar fi o tragedie imensă şi o pierdere.

◆

„În ce fel este perspectiva umană diferită de perspectiva voastră?"

Una dintre diferenţe constă în faptul că ne-am dezvoltat o perspectivă de nivelul Marii Comunităţi, care reprezintă un mod de a vedea lumea mai puţin centrat pe sine. Este un punct de vedere care clarifică foarte bine lucrurile şi care poate oferi o certitudine puternică în ceea ce priveşte problemele mai mici cu care vă confruntaţi în treburile de zi cu zi. Dacă puteţi rezolva o problemă majoră, le puteţi rezolva şi pe cele minore. Aveţi o problemă majoră. Fiecare fiinţă umană din lume se confruntă cu această problemă majoră. Vă poate uni şi vă poate determina să vă depăşiţi diferenţele şi conflictele foarte vechi. Atât este de mare şi de puternică. De aceea spunem că există o posibilitate pentru a vă izbăvi în înseşi împrejurările care vă amenință bunăstarea şi viitorul.

Ştim că puterea Cunoaşterii din interiorul unei persoane poate readuce acea persoană şi toate relațiile pe care le posedă, într-o măsură superioară de reuşită, recunoaştere şi abilitate. Trebuie să descoperiți lucrul acesta singuri.

Vieţile noastre sunt foarte diferite. Una dintre diferenţe constă în faptul ne trăim vieţile pentru a servi, un serviciu pe care noi l-am ales. Avem libertatea de a alege iar astfel alegerea noastră este reală şi poartă înţeles şi se bazează pe propria noastră înţelegere. Printre cei din grupul nostru se află reprezentanţi ai câtorva lumi diferite. Ne-am unit în slujba umanităţii. Reprezentăm o alianţă înaltă care este mai spirituală în natură.

◆

„Mesajul vine printr-un singur om. De ce nu luaţi legătura cu toată lumea dacă acest mesaj este atât de important?"

Este doar o chestiune de eficienţă. Nu controlăm cine este ales să ne primească. Acest lucru ţine de Cei Nevăzuţi, cei pe care i-aţi putea numi, pe bună dreptate, „Îngeri". Aşa ne gândim la ei. Ei au ales această persoană, o persoană care nu are nicio poziţie în lume, care nu este recunoscută în lume, un individ care a fost ales datorită calităţilor lui şi datorită moştenirii pe care o are în Marea Comunitate.

Suntem bucuroşi să avem o persoană prin care putem vorbi.
Dacă am vorbi prin mai multe persoane, poate nu ar fi de
acord între ele, iar mesajul ar deveni confuz şi s-ar pierde.
    Înţelegem, din propria studenţie, că transmiterea
înţelepciunii spirituale se oferă în general prin intermediul
unuia, cu sprijinul altora. Acest individ trebuie să poarte
greutatea şi povara şi riscul de a fi astfel ales. Îl respectăm
pentru ceea ce face şi înţelegem ce povară poate fi. Este
posibil ca această transmitere să fie interpretată greşit, iar de
aceea cei înţelepţi trebuie să rămână ascunşi. Noi trebuie să
rămânem ascunşi. El trebuie să rămână ascuns. În felul
acesta, mesajul poate fi dat, iar mesagerul poate fi ocrotit.
Căci va exista ostilitate la acest mesaj. Vizitatorii i se vor
opune şi i se opun deja. Opoziţia lor poate fi considerabilă dar
va fi în primul rând îndreptată către însuşi mesagerul. Din
acest motiv mesagerul trebuie protejat.
    Ştim că răspunsurile la aceste întrebări vor genera mai
multe întrebări. Iar multe dintre aceste întrebări nu vor avea
un răspuns, poate chiar multă vreme de acum înainte. Cei
înţelepţi de pretutindeni trebuie să trăiască cu întrebări la
care încă nu pot să răspundă. Prin răbdarea lor şi
perseverenţa lor apar răspunsuri reale pe care aceştia le pot
experimenta şi întruchipa.

Umanitatea se află la un nou început. Se confruntă
cu o situație gravă. Nevoia pentru o nouă educație și
înțelegere este extremă. Suntem aici să servim
această nevoie la cererea Celor Nevăzuți. Se bazează
pe noi să ne împărtășim înțelepciunea, căci trăim în
universul fizic, ca și voi. Nu suntem ființe angelice. Nu
suntem perfecți. Nu am atins niveluri superioare de
conștiență și realizare spirituală. Așadar, sperăm că
mesajul nostru pentru voi cu privire la Marea
Comunitate va fi mai relevant și mai ușor de primit.
Cei Nevăzuți știu mult mai multe lucruri decât noi
despre viața din univers și despre nivelurile de progres
și realizare care sunt accesibile și care sunt practicate
în multe locuri. Însă ne-au rugat să vorbim despre
realitatea vieții fizice, pentru că suntem implicați pe
deplin în ea și am învățat din propriile noastre
încercări și greșeli importanța și înțelesul lucrurilor
pe care vi le împărtășim.

Prin urmare, venim reprezentând aliații
umanității, căci astfel suntem. Fiți recunoscători că
aveți aliați care vă pot ajuta și educa și care vă pot

sprijini tăria, libertatea și realizările. Căci fără acest sprijin, șansa voastră de a supraviețui la genul de infiltrare extraterestră pe care o experimentați acum ar fi foarte limitată. Da, ar exista câțiva indivizi care ar ajunge să conștientizeze situația așa cum arată de fapt, dar numărul lor nu ar fi suficient de mare, iar vocile lor nu s-ar face auzite.

În această privință, nu putem decât să vă cerem încrederea. Sperăm ca prin înțelepciunea cuvintelor noastre și prin oportunitățile pe care le aveți pentru a le afla înțelesul și relevanța, să putem câștiga această încredere în timp, căci aveți aliați în Marea Comunitate. Aveți prieteni excepționali dincolo de această lume, care au trecut prin încercările pe care voi le înfruntați acum și care au reușit să aibă succes. Datorită faptului că am fost sprijiniți, trebuie acum să-i sprijinim pe alții. Iată legământul nostru sacru. Acestuia îi suntem ferm devotați.

SOLUȚIA

◆

ÎN ESENȚA SA,

SOLUȚIA LA INTERVENȚIE NU ȚINE DE

TEHNOLOGIE, POLITICĂ SAU FORȚĂ MILITARĂ.

Ține de reînnoirea spiritului uman.
Ține de conștientizarea Intervenției și denunțarea acesteia.
Ține de sfârșirea izolării și a ridiculizării, care îi împiedică pe oameni să exprime ceea se văd și știu.
Ține de depășirea fricii, evitării, iluziilor și înșelăciunilor.
Ține de întărirea oamenilor și de a-i face conștienți și a-i responsabiliza.

Aliații umanității ne oferă sfaturile hotărâtoare ce ne permit să recunoaștem Intervenția și să-i contracarăm influențele. Pentru a face asta, aliații ne îndeamnă să ne exercităm inteligența nativă și dreptul nostru de a ne împlini destinul ca rasă liberă în Marea Comunitate.

E timpul să începem.

EXISTĂ O SPERANȚĂ NOUĂ
PE PĂMÂNT

Pe pământ, speranța este reaprinsă de cei care devin puternici în Cunoaștere. Speranța poate dispărea, iar apoi poate fi reaprinsă. Poate părea că apare și dispare, în funcție de felul în care sunt influențați oamenii și de alegerile lor personale. Speranța depinde de voi. Nu înseamnă că există speranță doar pentru că Cei Nevăzuți sunt aici, căci fără voi, nu ar fi nicio speranță. Căci tu și alte persoane ca tine aduceți o nouă speranță pe pământ, pentru că învățați să primiți darul Cunoașterii. Faptul acesta aduce o speranță nouă pe pământ. Poate că nu poți vedea acest lucru în întregime în acest moment. Poate că pare a fi dincolo de înțelegerea ta. Dar dintr-o perspectivă superioară, este foarte adevărat și foarte important.

Apariția lumii în Marea Comunitate confirmă acest aspect, căci dacă nimeni nu s-ar pregăti pentru Marea Comunitate, ei bine, atunci speranța ar părea că pălește. Iar destinul umanității ar părea să fie absolut previzibil. Însă datorită faptului că există speranță în lume, datorită faptului că există speranță în tine și în alții ca tine care răspund unei chemări mai înalte, destinul umanității este mai promițător, iar libertatea umanității încă are șanse mari să fie asigurată.

◆

DIN *PAȘI CĂTRE CUNOAȘTERE—PREGĂTIREA COMPLEMENTARĂ*

Împotrivire

și

responsabilizare

◆

ÎMPOTRIVIRE ȘI RESPONSABILIZARE

Etica privind Contactul

◆

La fiecare pas, aliații ne încurajează să ne asumăm un rol activ în a distinge și a ne opune Intervenției extraterestre ce se desfășoară în lumea noastră la ora actuală. Acest lucru include sesizarea drepturilor și a priorităților noastre ca popor nativ al acestei lumi și crearea propriilor noastre Reguli de Angajare în privința tuturor contactelor prezente și viitoare cu alte rase de ființe.

Dacă privim lumea naturală și trecutul istoriei umane, ni se demonstrează din plin lecțiile intervenției: faptul că rivalitatea pentru resurse reprezintă o parte integrală din natură, faptul că intervenția unei culturi asupra alteia e mereu săvârșită în interes propriu și are un impact distructiv asupra culturii și libertății popoarelor care sunt descoperite și faptul că cei puternici îi domină întotdeauna pe cei slabi, dacă pot.

Deși ne putem imagina că acele rase extraterestre ce ne vizitează lumea pot fi o abatere de la regulă, o astfel de excepție ar trebui dovedită fără urmă de îndoială prin a-i oferi umanității dreptul de a evalua orice propunere în vederea vizitei. Acest lucru nu s-a întâmplat absolut deloc. În schimb, în experiența umanității de până acum privind Contactul, ne-au fost eludate autoritatea și drepturile de proprietate ca popor nativ al acestei planete. „Vizitatorii" și-au urmărit propria agendă, fără a se gândi la acordul umanității sau la participarea sa informată.

Așa cum Informările aliaților și majoritatea cercetărilor privind OZN-urile/extratereștrii ne indică în mod clar, contactul de natură etică nu are loc. Deși poate fi potrivit ca o rasă străină să ne ofere experiența și înțelepciunea lor de la depărtare, așa cum au făcut aliații, nu este potrivit ca o rasă să vină aici neinvitată și să încerce să intervină în treburile umane, chiar și sub pretextul că ne-ar ajuta. Având în vedere nivelul de dezvoltare al umanității în acest moment ca rasă tânără, nu este etic să faci lucrul acesta.

Umanitatea nu a avut șansa de a-și crea propriile Reguli de Angajare sau de a-și stabili granițele pe care fiecare rasă nativă trebuie să și le stabilească pentru propria siguranță și securitate. Asta ar contribui la promovarea unității și a cooperării umane, pentru că am fi nevoiți să ne unim eforturile ca să realizăm acest lucru. Această acțiune ar impune conștientizarea faptului că suntem un singur popor ce împărtășește o singură planetă, a faptului că nu suntem singuri în univers și a faptului că granițele noastre către spațiu trebuie stabilite și protejate. În mod tragic, acest proces necesar de dezvoltare este eludat acum.

Informările aliaților au fost trimise cu scopul de a încuraja pregătirea umanității pentru realitățile vieții din Marea Comunitate. Mai mult decât atât, mesajul aliaților demonstrează ce înseamnă contactul etic cu adevărat. Ei păstrează o abordare distantă, respectându-ne abilitățile și autoritatea nativă, iar în același timp încurajând libertatea și unitatea de care familia umană va avea nevoie pentru a ne croi drum prin viitorul nostru în Marea Comunitate. Cu toate că mulți oameni se îndoiesc astăzi de faptul că umanitatea are puterea și integritatea de a-și satisface propriile necesități și de a face față propriilor provocări în viitor, aliații ne asigură că această putere, puterea spirituală a Cunoașterii, trăiește în noi toți și că trebuie să o folosim în nume propriu.

Pregătirea pentru apariția umanității în Marea Comunitate a fost dăruită. Cele trei volume de Informări din partea aliaților umanității și cărțile privind Calea Cunoașterii din Marea Comunitate sunt disponibile în engleză pentru cititorii de pretutindeni pe www.alliesofhumanity.org și pe www.newmessage.org. Traducerile în limba română se găsesc pe www.alliesofhumanity.org/ro și pe www.newmessage.org/ro. Împreună, ele oferă mijloacele pentru a contracara Intervenția și pentru a ne înfrunta viitorul într-o lume ce se schimbă, o lume care se află în pragul cosmosului. Aceasta este singura pregătire de-o așa natură de pe pământ la ora actuală. Este însăși pregătirea pe care aliații ne-o cer atât de urgent.

Ca răspuns la Informările aliaților, un grup de cititori dedicați a creat un document intitulat Declarația suveranității umane. Modelată după Declarația de independență a Statelor Unite, Declarația suveranității umane are ca scop să pună bazele Eticii privind Contactul și Regulile de angajare de care noi, fiind popoarele native ale planetei, avem neapărat nevoie în acest moment pentru a păstra libertatea și suveranitatea umană. Ca popor indigen al acestei lumi, avem dreptul și responsabilitatea de a hotărî când și cum va avea loc vizita și cine poate intra în lumea noastră. Trebuie să facem cunoscut tuturor popoarelor și grupurilor din univers care sunt conștienți de existența noastră, faptul că suntem autodeterminați și că intenționăm să ne exercităm drepturile și responsabilitățile ca rasă emergentă de popoare libere în Marea Comunitate. Declarația suveranității umane este un început și poate fi citită pe internet la adresa www.humansovereignty.org/romanian-declaration.

ÎMPOTRIVIRE ȘI RESPONSABILIZARE

Să luăm măsuri – Ce poți face tu

◆

Aliații ne cer să luăm atitudine pentru bunăstarea lumii noastre și pentru ca noi înșine să devenim, în esență, aliați ai umanității. Însă pentru a fi real, acest angajament trebuie să vină de la conștiința noastră, cea mai adâncă parte din noi. Sunt multe lucruri pe care le poți face pentru a contracara Intervenția și pentru a deveni o forță pozitivă prin a te întări pe tine și pe alții din jurul tău.

Unii cititori au exprimat sentimente de lipsă de speranță după ce au citit materialul aliaților. Dacă aceasta îți este experiența, este important să ții minte că intenția Intervenției este de a te influența să te simți fie plin de acceptare și speranță, fie neajutorat și neputincios în fața prezenței lor. Nu te lăsa convins în maniera aceasta. Îți găsești tăria trecând la acțiune. Ce poți face cu adevărat? Sunt destul de multe lucruri pe care le poți face.

◆

Educă-te.

Pregătirea trebuie să înceapă cu educație și conștiență. Trebuie să ai o înțelegere a lucrurilor cu care te confrunți. Educă-te în ceea ce privește fenomenul OZN-urilor/extratereștrilor. Educă-te în ce privește ultimele descoperiri ale științei planetare și ale astrobiologiei care ne devin disponibile.

LECTURĂ RECOMANDATĂ

- Vezi „Resurse suplimentare" în anexă.

◆

Opune-i rezistență influenței Programului de Pacificare.

Opune-i rezistență Programului de Pacificare. Opune-i rezistență influenței de a deveni nepăsător și inert la propria Cunoaștere. Opune-i rezistență Intervenției prin conștiență, prin promovare și prin înțelegere. Promovează cooperarea, unitatea și integritatea umană.

LECTURĂ RECOMANDATĂ

- Spiritualitatea din Marea Comunitate, capitolul 6: „Ce înseamnă Marea Comunitate?" și capitolul 11: „Pentru ce te pregătești?"
- Cum trăiești Calea Cunoașterii, capitolul 1: „Cum este să trăiești într-o lume emergentă"

◆

Devino conştient de mediul mental.

Mediul mental este mediul gândurilor şi al influenţelor în care trăim cu toţii. Efectul său asupra gândirii noastre, asupra emoţiilor noastre şi asupra acţiunilor noastre este chiar mai mare decât efectul mediului fizic. La ora actuală mediul mental este afectat şi influenţat direct de către Intervenţie. E afectat, de asemenea, de interesele guvernamentale şi comerciale din jurul nostru. Este esenţial să devii conştient de mediul mental pentru a-ţi păstra propria libertate de a gândi liber şi limpede. Primul pas pe care îl poţi face este să alegi în mod conştient cine şi ce îţi influenţează gândirea şi deciziile prin stimulii pe care-i primeşti din afară. Aceşti stimuli includ mass-media, cărţile şi prietenii convingători, familia şi persoanele pe care le-ai învestit cu autoritate. Crează-ţi propriile directive şi învaţă cum să identifici în mod limpede, cu discernământ şi obiectivitate, ceea ce îţi spun alţi oameni şi chiar şi cultura în general. Fiecare dintre noi trebuie să înveţe să discearnă în mod conştient aceste influenţe pentru protejarea şi îmbunătăţirea mediului mental în care trăim.

LECTURĂ RECOMANDATĂ
. . . .

- Înţelepciune din Marea Comunitate, volumul 2, capitolul 12: „Exprimarea de sine şi mediul mental" şi capitolul 15: „Cum răspunzi la Marea Comunitate"

◆

Studiază Calea Cunoașterii din Marea Comunitate.

Dacă înveți Calea Cunoașterii din Marea Comunitate vei ajunge în legătură directă cu mintea spirituală adâncă, pe care Creatorul tuturor formelor de viață a pus-o înăuntrul tău. La nivelul acestei minți adânci, care se află dincolo de rațiunea noastră, la nivelul Cunoașterii, ești ferit de interferențe și de manipulare din partea oricărei puteri lumești sau din Marea Comunitate. De asemenea, Cunoașterea îți posedă scopul spiritual superior pentru care ai venit pe pământ în aceste vremuri. Este însăși inima spiritualității tale. Îți poți începe chiar acum călătoria în Calea Cunoașterii din Marea Comunitate, începând să studiezi online cartea „Pași către Cunoaștere" la adresa www.newmessage.org/ro.

LECTURĂ RECOMANDATĂ

- Spiritualitatea din Marea Comunitate, capitolul 4: „Ce este Cunoașterea?"
- Cum trăiești Calea Cunoașterii: toate capitolele.
- Studiul cărții Pași către Cunoaștere: Cartea cunoașterii lăuntrice

◆

Formează un grup de studiu al aliaților.

Pentru a crea un mediu pozitiv în care materialul aliaților să poată fi luat în considerare în mod profund, alătură-te altora cu scopul de a forma un grup de studiu al aliaților. Noi am descoperit că atunci când oamenii citesc Informările aliaților și cărțile privind Calea Cunoașterii din Marea Comunitate cu voce tare, alături de alți oameni în cadrul unui grup de susținere, și sunt liberi să-și împărtășească întrebările și pătrunderile pe parcurs, înțelegerea asupra materialului crește considerabil. Aceasta este una din căile prin care începi să-i găsești pe alții care au aceeași conștiență și dorință de a cunoaște adevărul despre Intervenție ca tine. Poți începe cu o singură persoană.

LECTURĂ RECOMANDATĂ

- Înțelepciune din Marea Comunitate, volumul 2, capitolul 10: „Vizitările din Marea Comunitate," capitolul 15: „Cum răspunzi la Marea Comunitate," capitolul 17: „Cum percep vizitatorii umanitatea" și capitolul 28: „Realitățile din Marea Comunitate"
- „Aliații Umanității", cartea a doua: toate capitolele.

◆

Ocrotește și protejează mediul.

Pe zi ce trece, învățăm tot mai multe despre nevoia de a ne conserva, proteja și restaura mediul natural. Chiar dacă Intervenția nu ar fi existat, acest lucru tot ar fi o prioritate. Însă mesajul aliaților oferă impulsuri noi și o înțelegere nouă pentru nevoia de a crea o formă de întrebuințare sustenabilă a resurselor naturale din lumea noastră. Devino conștient de modul în care trăiești și de ceea ce consumi și află ce poți face pentru a sprijini mediul. Așa cum aliații scot în evidență, independența noastră ca rasă va fi necesară pentru a ne proteja libertatea și progresul într-o Comunitate Mare a vieții inteligente.

LECTURĂ RECOMANDATĂ

- Înțelepciune din Marea Comunitate, volumul 1, capitolul 14: „Evoluția planetară"
- Înțelepciune din Marea Comunitate, volumul 2, capitolul 25: „Mediile"

◆

Adu la cunoștința publicului larg Informările aliaților umanității.

Împărtășirea mesajului aliaților cu alte persoane este extrem de importantă din următoarele motive:

— ajuți la ruperea tăcerii paralizante care înconjoară realitatea și spectrul Intervenției extraterestre.

— ajuți la încetarea izolării care îi împiedică pe oameni să formeze legături între ei în privința acestei mari provocări.

— îi trezești pe cei care au căzut sub influența Programului de Pacificare, oferindu-le șansa de a-și folosi propriile minți pentru a re-evalua semnificația acestui fenomen.

— întărești hotărârea din sinea ta și dinăuntrul altora de a nu ceda fie în fața fricii, fie în fața evitării, în întâmpinarea acestei mari încercări a vremurilor noastre.

— le confirmi înțelegerile adânci și Cunoașterea personală ale altor oameni în ceea ce privește Intervenția.

— ajuți la întemeierea opoziției, care poate învinge Intervenția și care poate promova responsabilizarea ce i-ar putea oferi umanității unitatea și tăria de a ne crea propriile Reguli de Angajare.

IATĂ CÂȚIVA PAȘI CONCREȚI PE CARE ÎI POȚI FACE ASTĂZI:

— împărtășește această carte și mesajul său cu alți oameni. Primul set întreg de informări se găsește acum gratuit, unde poate fi citit și descărcat, pe pagina de internet: www.alliesofhumanity.org/ro

— citește *Declarația suveranității umane* și împărtășește acest document de valoare cu alți oameni. Poate fi citită online și printată la adresa: www.humansovereignty.org/romanian-declaration.

— încurajează librăriile și bibliotecile locale să pună la dispoziție ambele volume ale aliaților umanității și alte cărți ale lui Marshall Vian Summers. Acest lucru sporește accesul altor cititori la material.

— împărtășește materialul și perspectiva aliaților pe forumuri online existente și pe grupuri de discuție ori de câte ori este potrivit.

— participă la conferințe și întruniri legate de subiect și împărtășește perspectiva aliaților.

— tradu Informările aliaților umanității. Dacă vorbești mai multe limbi, te rugăm să iei în considerare posibilitatea de a ajuta la traducerea informărilor pentru a le pune la dispoziția mai multor cititori din întreaga lume.

— ia legătura cu Biblioteca New Knowledge pentru a primi gratuit un pachet de promovare a aliaților cu materiale care te pot ajuta să împărtășești acest mesaj cu alte persoane.

LECTURĂ RECOMANDATĂ

- Cum trăiești Calea Cunoașterii, capitolul 9: „Cum împărtășești Calea Cunoașterii cu ceilalți"
- Înțelepciune din Marea Comunitate, volumul 2, capitolul 19: „Curajul"

◆

Această listă nu este nicidecum una finală. Este doar un început. Privește-ți propria viață și vezi ce oportunități ar putea exista acolo și fii deschis la propria ta Cunoaștere și la propriile tale pătrunderi în această privință. Pe lângă a face lucrurile enumerate mai sus, oamenii au descoperit deja moduri creative pentru a exprima mesajul aliaților–prin artă, prin muzică, prin poezie. Găsește calea ta.

MESAJ DIN PARTEA LUI
MARSHALL VIAN SUMMERS

$\blacklozenge$

Vreme de 25 de ani, am fost cufundat într-o experiență religioasă. Acest lucru m-a dus la primirea unui volum amplu de scrieri despre natura spiritualității umane și a destinului uman într-un peisaj mai cuprinzător al vieții inteligente din univers. Aceste scrieri, cuprinse în învățătura despre Calea Cunoașterii din Marea Comunitate, conțin o structură teologică ce explică viața în Marea Comunitate și explică prezența lui Dumnezeu în Marea Comunitate, întinderea vastă a spațiului și a timpului căreia îi mai spunem univers.

Cosmologia pe care o primesc conține multe mesaje, iar unul dintre acestea spune că umanitatea își face apariția într-o Comunitate Mare a vieții inteligente, iar pentru acest proces trebuie să ne pregătim. În acest mesaj este implicită înțelegerea faptului că umanitatea nu este singură în univers, nici măcar singură în propria lume, și că în această Comunitate Mare, umanitatea va avea prieteni, concurenți și adversari.

Realitatea aceasta mai cuprinzătoare a fost confirmată în mod dramatic de transmiterea bruscă și neașteptată a primului set de Informări din partea aliaților umanității în 1997. Cu trei ani înainte, în 1994, am primit structura teologică pentru a înțelege Informările aliaților în cartea mea *Spiritualitatea din*

Marea Comunitate: O nouă revelație. În acel moment, ca urmare a lucrării și scrierilor mele spirituale, mi-a devenit cunoscut faptul că umanitatea are aliați în univers, care sunt îngrijorați de bunăstarea și de libertatea rasei noastre din viitor. În cadrul cosmologiei crescânde ce mi-a fost dezvăluită, se află înțelegerea faptului că în istoria vieții inteligente din univers, rasele etice și avansate au obligația de a-și lăsa înțelepciunea drept moștenire raselor tinere emergente, cum este rasa noastră, și că această moștenire trebuie lăsată fără intervenții directe sau amestecuri în treburile acelei rase tinere. Intenția aici este de a informa, nu de a interveni. Această „transmitere a înțelepciunii generațiilor viitoare" reprezintă un cadru etic, întemeiat cu multă vreme în urmă, ce privește Contactul cu rasele emergente și modul în care ar trebui să se desfășoare. Cele două seturi de Informări ale aliaților umanității sunt o dovadă clară a acestui model de Contact etic și lipsit de intervenții. Acest model ar trebui să fie o lumină călăuzitoare și un standard pe care ar trebui să ne așteptăm ca alte rase să-l respecte, în încercarea lor de a ne contacta sau de a ne vizita lumea. Însă această demonstrare a Contactului etic este în profund contrast cu Intervenția ce se desfășoară astăzi pe pământ.

Ne mutăm într-o poziție de vulnerabilitate extremă. Având în vedere spectrul epuizării resurselor, al degradării mediului și al riscului unei fisurări și mai mari a familiei umane, ce crește pe zi ce trece, suntem ținta perfectă pentru Intervenție. Trăim în aparentă izolare într-o lume bogată și prețioasă, care este căutată de alții de dincolo de meleagurile noastre. Suntem distrași și divizați și nu vedem marele pericol ce intervine la granițele noastre. Este un fenomen pe care istoria l-a tot repetat în ceea ce privește soarta popoarelor native izolate ce se confruntau cu intervenția pentru prima dată. Nu suntem realiști în presupunerile noastre despre puterile și binefacerea vieții inteligente din univers. În plus, abia acum începem să evaluăm condiția pe care ne-am creat-o în propria lume.

Adevărul nepopular este că familia umană nu e pregătită pentru o experiență directă a Contactului și nicidecum pregătită pentru o intervenție. Trebuie să ne punem casa în ordine mai întâi. Încă nu avem la nivel de specie maturitatea de a interacționa cu alte rase din Marea Comunitate din poziție de unitate, tărie și discernământ. Iar până nu ajungem într-o astfel de poziție, dacă vom putea vreodată, nicio rasă nu ar trebui să încerce să intervină în mod direct în lumea noastră. Aliații ne oferă înțelepciunea și perspectiva de care avem mare nevoie, însă ei nu intervin. Ei ne spun că soarta noastră este, și ar trebui să fie, în mâinile noastre. În univers, așa arată povara libertății.

Cu toate acestea, indiferent că nu suntem pregătiți, Intervenția se desfășoară. Umanitatea trebuie să se pregătească acum pentru această Intervenție, pragul cu cele mai mari consecințe din istoria umană. Suntem chiar în centrul acestui fenomen, nu doar martori întâmplători. Are loc fie că suntem conștienți de el, fie că nu. Are puterea să-i schimbe umanității rezultatul. De asemenea, ține de ceea ce suntem și de motivul pentru care suntem aici pe pământ în acest moment.

Calea Cunoașterii din Marea Comunitate a fost dăruită pentru a oferi atât învățătura, cât și pregătirea de care avem acum nevoie pentru a înfrunta acest prag major, pentru a reînnoi spiritul uman și pentru a pune bazele unei direcții noi pentru familia umană. Calea confirmă nevoia urgentă pentru unitate și cooperare umană; întâietatea Cunoașterii, inteligența noastră spirituală; și responsabilitățile mai mari pe care trebuie să ni le asumăm acum, aflându-ne în pragul cosmosului. Reprezintă un Mesaj Nou de la Creatorul vieții.

Misiunea mea este să aduc această cosmologie și pregătire superioară pe pământ și, alături de ea, o speranță și perspectivă nouă pentru o rasă umană ce se confruntă cu probleme. Pregătirea mea lungă și învățătura imensă despre Calea Cunoașterii din Marea Comunitate sunt aici cu acest scop. Informările aliaților umanității reprezintă doar o mică parte din acest mesaj amplu. E momentul să punem capăt conflictelor noastre neîncetate și să ne pregătim pentru viață în Marea Comunitate. Pentru a face asta, avem nevoie de o înțelegere nouă despre noi ca unic popor – poporul nativ al acestei lumi, născut dintr-o unică spiritualitate – și despre poziția noastră vulnerabilă ca rasă tânără și emergentă în univers. Iată mesajul meu pentru umanitate și motivul pentru care am venit.

MARSHALL VIAN SUMMERS
2008

Anexă

◆

DEFINIREA
TERMENILOR

◆

ALIAȚII UMANITĂȚII: Un grup mic de ființe fizice din Marea
Comunitate, care este ascuns în apropierea planetei
noastre, în sistemul nostru solar. Misiunea lor este de a
observa, a raporta și a ne sfătui în privința activităților
vizitatorilor extratereștri și a intervenției extraterestre
aflată astăzi pe pământ. Ei îi reprezintă pe cei înțelepți din
multe lumi.

VIZITATORII: Mai multe rase extraterestre diferite din Marea
Comunitate care ne „vizitează" lumea fără permisiunea
noastră și care intervin în mod activ în treburile umane.
Vizitatorii sunt implicați într-un proces lung de integrare în
țesătura și sufletul vieții umane, cu scopul de a prelua
controlul resurselor și al popoarelor lumii.

INTERVENȚIA: Prezența, scopul și activitățile în lume ale
vizitatorilor extratereștri.

PROGRAMUL DE PACIFICARE: Programul vizitatorilor de convingere
și influențare menit să dezarmeze conștiența și
discernământul oamenilor cu privire la Intervenție, pentru a
face umanitatea pasivă și docilă.

MAREA COMUNITATE: Spațiul. Universul fizic și spiritual vast în care umanitatea își face apariția, care conține forme de viață inteligente în nenumărate manifestări.

CEI NEVĂZUȚI: Îngerii Creatorului care veghează dezvoltarea spirituală a ființelor simțitoare din Marea Comunitate. Aliații fac referire la ei ca fiind „Cei Nevăzuți".

DESTINUL UMAN: Umanitatea este predestinată să-și facă apariția în Marea Comunitate. Această apariție este evoluția noastră.

COLECTIVELE: Organizații ierarhice complexe, fiecare fiind compusă din mai multe rase extraterestre, care sunt unite de un crez comun. Există mai multe colective prezente pe pământ la ora actuală de care aparțin vizitatorii extratereștri. Aceste colective au planuri concurente.

MEDIUL MENTAL: Mediul gândurilor și al influențelor mentale.

CUNOAȘTEREA: Inteligența spirituală care trăiește înăuntrul fiecărei persoane. Izvorul tuturor lucrurilor pe care le cunoaștem. Înțelegere intrinsecă. Înțelepciune eternă. Partea veșnică din noi care nu poate fi influențată, manipulată sau coruptă. Un potențial în toate formele inteligente de viață. Cunoașterea este Dumnezeu în tine iar Dumnezeu este întreaga Cunoaștere din univers.

CĂILE PĂTRUNDERII: Diverse învățături despre Calea Cunoașterii care sunt predate în multe lumi din Marea Comunitate.

CALEA CUNOAȘTERII DIN MAREA COMUNITATE: O învățătură spirituală din partea Creatorului care se practică în multe locuri din Marea Comunitate. Te învață cum să trăiești în și să exprimi Cunoaștere și cum să-ți păstrezi libertatea individuală în univers. Această învățătură a fost trimisă aici cu scopul de a pregăti umanitatea pentru realitățile vieții din Marea Comunitate.

COMENTARII DESPRE
ALIAȚII UMANITĂȚII

"Am fost foarte impresionat de *Aliații umanității* ... pentru că mesajul lor spune adevărul. Contactele surprinse pe radar, efectele de sol, înregistrările și filmările toate dovedesc că OZN-urile sunt reale. Acum trebuie să luăm în considerare adevărata întrebare: agenda celor ce le dețin. *Aliații umanității* confruntă cu putere chestiunea aceasta, care s-ar putea dovedi esențială pentru viitorul omenirii."

— JIM MARRS, autorul cărților
Alien Agenda și *Rule by Secrecy*

"În lumina deceniilor pe care le-am petrecut cercetând fenomenul de channeling și ufologia/extraterestrologia, am o reacție foarte pozitivă atât la Marshall drept canal de comunicare, cât și la mesajul din partea surselor indicate în cartea aceasta. Sunt profund impresionat de integritatea lui ca ființă umană, ca spirit și ca adevărat canal de comunicare. În mesajul și purtarea lor, atât Summers, cât și sursele lui îmi demonstrează în mod convingător faptul că sunt orientați spre servirea altora, în fața atâtor orientări centrate pe sine exprimate de oameni, iar acum, din câte se pare, chiar și de extratereştri. Cu toate că are un ton serios şi alarmant, mesajul acestei cărţi îmi mişcă spiritul cu perspectiva minunăţiilor care ne aşteaptă ca specie pe măsură ce ne alăturăm Marii Comunităţi. În acelaşi timp, trebuie să găsim şi să dobândim accesul la relaţia noastră inerentă cu Creatorul, astfel încât să nu fim pe parcurs manipulaţi sau exploataţi pe nedrept de către unii membri din acea comunitate mare."

— JON KLIMO, autorul cărţii
Channeling: Investigations on
Receiving Information from
Paranormal Sources

„Cercetările pe care le-am făcut asupra fenomenului răpirilor OZN/extraterestre vreme de 30 de ani arată ca şi cum aş fi construit un puzzle uriaş. Cartea ta, în sfârşit, mi-a oferit cadrul pentru a potrivi ultimele piese din puzzle."

— ERICK SCHWARTZ,
Asistent social din California

„Beneficiază cineva de vreo gratuitate în cosmos? Cartea *Aliaţii umanităţii* ne reaminteşte în mod ferm că nu."

— ELAINE DOUGLASS,
Directoarea organizaţiei
MUFON din statul Utah

„Aliații vor avea un ecou puternic în rândul vorbitorilor de spaniolă din întreaga lume. Pot să vă asigur de asta! Foarte mulți oameni, nu numai din țara mea, se luptă pentru drepturile lor de a-și păstra culturile! Cărțile dumneavoastră confirmă ceea ce ei au încercat să ne spună în foarte multe feluri, de foarte mult timp."

—INGRID CABRERA, Mexic

„Cartea aceasta a răsunat în adâncul sufletului meu. Pentru mine, [*Aliații umanității*] este absolut revoluționară. Respect forțele sub formă umană și sub altă formă, care au adus această carte pe lume și mă rog să i se acorde atenție avertismentului său."

—RAYMOND CHONG, Singapore

„Foarte multe lucruri din materialul aliaților rezonează cu ceea ce am aflat sau cu ceea ce am simțit instinctiv ca fiind adevărat."

— TIMOTHY GOOD, ufolog
britanic și autorul cărților
Beyond Top Secret și *Unearthly Disclosure*

STUDIU SUPLIMENTAR

◆

Aliații umanității abordează întrebări fundamentale în legătură cu realitatea, natura și scopul prezenței extraterestre aflată astăzi pe pământ. Însă această carte ridică mult mai multe întrebări care trebuie explorate prin studiu suplimentar. Ca atare, devine un catalizator de conștiență superioară și un apel la acțiune.

Pentru a afla mai multe, există două căi pe care cititorul le poate urma, fie separat, fie în același timp. Prima cale reprezintă studierea fenomenului OZN-urilor/extratereștrilor, fenomen despre care cercetătorii au strâns foarte multe documente pe parcursul ultimelor patru decenii, reprezentând multe puncte de vedere diferite. În următoarele pagini, am listat câteva resurse importante legate de subiect pe care le considerăm relevante mai ales pentru materialul aliaților. Îi încurajăm pe toți cititorii să devină mai informați în privința acestui fenomen.

A doua cale este pentru cititorii care doresc să exploreze implicațiile spirituale ale fenomenului și lucrurile pe care le poți face personal pentru a te pregăti. Pentru asta, vă recomandăm scrierile lui MV Summers, care sunt listate în următoarele pagini.

Pentru a fi la curent cu materiale noi ce au legătură cu aliații umanității, vă rugăm să vizitați site-ul aliaților la adresa www.alliesofhumanity.org/ro. Pentru mai multe informații despre Calea Cunoașterii din Marea Comunitate, vă rugăm să vizitați site-ul: www.newmessage.org/ro.

RESURSE SUPLIMENTARE

◆

Mai jos găsiți o listă introductivă cu resurse privind subiectul fenomenului OZN-urilor/extratereștrilor (în engleză). Nu are ca scop să fie în niciun fel o bibliografie completă privind acest subiect, ci doar un punct de pornire. Odată cu începerea cercetărilor în ce privește realitatea acestui fenomen, vor exista tot mai multe materiale de explorat, de la aceste surse și de la alte surse. Recomandăm în permanență discernământ.

CĂRȚI

Berliner, Don: *UFO Briefing Document*, Editura Dell Publishing, 1995.

Bryan, C.D.B.: *Close Encounters of the Fourth Kind: Alien Abduction, UFOs and the Conference at MIT*, Editura Penguin, 1996.

Dolan, Richard: *UFOs and the National Security State: Chronology of a Coverup, 1941-1973*, Editura Hampton Roads Publishing, 2002.

Fowler, Raymond E.: *The Allagash Abductions: Undeniable Evidence of Alien Intervention*, ediția a doua, Editura Granite Publishing, LLC, 2005.

Good, Timothy: *Unearthly Disclosure*, Editura Arrow Books, 2001.

Grinspoon, David: *Lonely Planets: The Natural Philosophy of Alien Life*, Editura Harper Collins Publishers, 2003.

Hopkins, Budd: *Missing Time*, Editura Ballantine Books, 1988.

Howe, Linda Moulton: *An Alien Harvest*, Editura LMH Productions, 1989.

Jacobs, David: *The Threat: What the Aliens Really Want*, Editura Simon & Schuster, 1998.

Mack, John E.: *Abduction: Human Encounters with Aliens*, Editura Charles Scribner's Sons, 1994.

Marrs, Jim: *Alien Agenda: Investigating the Extraterrestrial Presence Among Us*, Editura Harper Collins, 1997.

Sauder, Richard: *Underwater and Underground Bases*, Editura Adventures Unlimited Press, 2001.

Turner, Karla: *Taken: Inside the Alien-Human Abduction Agenda*, Editura Berkeley Books, 1992.

DVD-uri

The Alien Agenda and the Ethics of Contact with Marshall Vian Summers, publicat de MUFON Symposium, 2006. Disponibil prin Biblioteca New Knowledge.

The ET Intervention and Control in the Mental Environment, cu Marshall Vian Summers, publicat de Conspiracy Con, 2007. Disponibil prin Biblioteca New Knowledge.

Out of the Blue: The Definitive Investigation of the UFO Phenomenon, publicat de Hanover House, 2007. Pentru a comanda accesați adresa: (Out of the Blue Movie)

WEBSITE-uri

www.humansovereignty.org/romanian-declaration

www.alliesofhumanity.org/ro

www.newmessage.org/ro

FRAGMENTE DIN CĂRȚILE DESPRE CALEA CUNOAȘTERII DIN MAREA COMUNITATE

◆

„Nu ești pur și simplu o ființă umană doar în această lume. Ești un cetățean din Marea Comunitate a lumilor. Reprezintă universul fizic pe care îl percepi prin simțuri. Este mult mai întins față de ceea ce poți cuprinde momentan... Ești cetățean al unui univers fizic vast. Acest aspect îți confirmă nu doar Descendența și Moștenirea, ci și scopul în viață în acest moment, căci lumea umanității crește în viața din Marea Comunitate a lumilor. Îți este cunoscut lucrul acesta, deși poate că părerile tale încă nu-l reprezintă."

> — *Pași către Cunoaștere:*
> Pasul 187: Sunt un cetățean din Marea Comunitate a lumilor.

„Ai venit pe lume într-un moment hotărâtor major, un moment hotărâtor din care vei vedea numai o parte în timpul vieții tale. Este un moment hotărâtor în care lumea voastră intră în contact cu lumile din vecinătatea sa. Aceasta este evoluția naturală a umanității, așa cum este evoluția naturală a tuturor formelor de viață inteligente din toate lumile."

> — *Paşi către Cunoaştere:*
> Pasul 190: Lumea îşi face apariția în Marea Comunitate a lumilor şi de aceea am venit

„Ai prieteni remarcabili dincolo de această lume. De aceea umanitatea caută să păşească în Marea Comunitate, pentru că Marea Comunitate reprezintă un spectru mai larg al adevăratelor sale relații. Ai prieteni adevărați dincolo de această lume pentru că nu eşti singur pe pământ şi nu eşti singur în Marea Comunitate a lumilor. Ai prieteni dincolo de această lume pentru că Familia ta Spirituală are reprezentanți pretutindeni. Ai prieteni dincolo de această lume pentru că lucrezi nu doar la evoluția lumii tale, ci şi la evoluția universului. Dincolo de imaginația ta, dincolo de capacitățile tale conceptuale, acest lucru este foarte adevărat."

> — *Paşi către Cunoaştere:*
> Pasul 211: Am prieteni remarcabili dincolo de această lume.

„Nu deveni plin de speranță. Nu deveni plin de teamă.
Răspunde cu Cunoaştere."

> — *Înțelepciune din Marea*
> *Comunitate volumul II*
> Capitolul 10: Vizitări din Marea
> Comunitate

„De ce au loc aceste vizitări?" Ştiința nu poate răspunde la
această întrebare. Rațiunea nu poate răspunde. Optimismul
irealist nu poate răspunde. Autoapărarea fricoasă nu poate
răspunde. Ce poate răspunde? Trebuie să-ți pui întrebarea
aceasta cu un gen diferit de cuget, să vezi cu alți ochi şi să ai
o experiență diferită aici."

> — *Înțelepciune din Marea*
> *Comunitate volumul II*
> Capitolul 10: Vizitări din Marea
> Comunitate

„Acum trebuie să te gândeşti la Dumnezeu în Marea
Comunitate—nu un Dumnezeu uman, nu un Dumnezeu al
istoriei voastre scrise, nu un Dumnezeu al încercărilor şi al
necazurilor voastre, ci un Dumnezeu pentru totdeauna,
pentru toate rasele, pentru toate dimensiunile, pentru cei
care sunt primitivi şi pentru cei avansați, pentru cei care
gândesc ca voi şi pentru cei care gândesc atât de diferit,
pentru cei care au credință şi pentru cei pentru care credința

este inexplicabilă. Asta înseamnă Dumnezeu în Marea
Comunitate. Aici trebuie să începi."

— Spiritualitatea din Marea
Comunitate
Capitolul 1: Ce este Dumnezeu?

„E nevoie de tine în lume. E timpul să te pregătești. Este
timpul să devii concentrat și hotărât. Nu poți scăpa de
sarcina aceasta, căci doar cei cultivați în Calea Cunoașterii
vor avea capabilitate în viitor și vor putea să-și păstreze
libertatea într-un mediu mental care va fi din ce în ce mai
influențat de Marea Comunitate."

— Cum trăiești Calea Cunoașterii:
Capitolul 6: Pilonul
dezvoltării spirituale

„Nu există eroi aici. Nu ai pe cine să venerezi. Ai o bază de
construit. Ai treabă de făcut. Ai o pregătire de urmat. Și ai o
lume în slujba căreia să te pui."

— Cum trăiești Calea Cunoașterii:
Capitolul 6: Pilonul
dezvoltării spirituale

„Calea Cunoașterii din Marea Comunitatea este prezentată
pe pământ, unde e necunoscută. Nu are nicio istorie și niciun
context aici. Oamenii nu sunt obișnuiți cu această Cale. Nu
se potrivește neapărat cu ideile, părerile sau așteptările lor.

Nu se conformează înțelegerii religioase actuale a lumii. Vine într-o formă pură—fără ritual și ceremonii fastuoase, fără bogății și excese. Vine într-o formă pură și simplă. Este ca un copil în lume. Pare a fi vulnerabilă, însă reprezintă o Realitate Superioară și o perspectivă superioară pentru umanitate."

> — *Spiritualitatea din Marea Comunitate:*
> Capitolul 22: Unde poate fi descoperită Cunoașterea?

„Există ființe în Marea Comunitate care sunt mai puternice decât voi. Pot să vă inducă în eroare, dar numai dacă nu sunteți atenți. Pot să vă tulbure mintea, dar nu o pot controla dacă sunteți aproape de Cunoaștere."

> — *Cum trăiești Calea Cunoașterii:*
> Capitolul 10: Cum să fii prezent în lume

„Umanitatea locuiește într-o casă imensă. O parte din casă a luat foc. Iar alții se află aici care vă vizitează pentru a evalua cum pot stinge focul în favoarea lor."

> — *Cum trăiești Calea Cunoașterii:*
> Capitolul 11: Cum te pregătești pentru viitor

„Ieși afară într-o noapte senină și privește în sus. Acolo se află destinul vostru. Acolo se află dificultățile voastre. Acolo se află oportunitățile voastre. Acolo se află izbăvirea voastră."

— *Spiritualitatea din Marea Comunitate*: Capitolul 15: Cine servește umanitatea?

„Să nu presupui niciodată că o rasă avansată are o logică superioară, dacă nu este puternică în Cunoaștere. De fapt, ei ar putea fi la fel de închiși la Cunoaștere ca voi. Obiceiurile, ritualurile, structurile și autoritățile învechite trebuie să fie contestate de dovezile Cunoașterii. Din acest motiv, până și în Marea Comunitate, bărbatul sau femeia ce trăiește în Cunoaștere este o forță puternică."

— *Pași către Cunoaștere*: Niveluri superioare

„Neînfricarea ta din viitor trebuie să nu se nască din prefăcătorie, ci să se nască din credința ta în Cunoaștere. Astfel, vei fi un adăpost de seninătate și un izvor de bogăție pentru alții. Asta îți este menit să fii. De aceea ai venit pe pământ."

— *Pași către Cunoaștere*: Pasul 162: Astăzi nu îmi va fi teamă.

„Nu este un moment uşor să fii pe pământ, dar dacă scopul şi intenţia ta este să contribui, e momentul potrivit să fii pe pământ."

— *Spiritualitatea din Marea Comunitate:*
Capitolul 11: Pentru ce te pregăteşti?

„Ca să-ţi duci misiunea la capăt, trebuie să ai aliaţi de seamă pentru că Dumnezeu ştie că nu poţi face asta de unul singur."

— *Spiritualitatea din Marea Comunitate:*
Capitolul 12: Pe cine vei întâlni?

„Creatorul nu ar lăsa umanitatea fără o pregătire pentru Marea Comunitate. Iar astfel, se prezintă Calea Cunoaşterii din Marea Comunitate. Se naşte din Marea Voinţă a universului. Este comunicată prin Îngerii universului, care servesc pretutindeni apariţia Cunoaşterii şi care cultivă pretutindeni relaţii ce pot întruchipa Cunoaştere. Această lucrare reprezintă lucrarea Divinităţii în lume, nu cu scopul de a te aduce la Divinitate, ci cu scopul de a te aduce în lume, căci este nevoie de tine în lume. De aceea ai fost trimis aici. De aceea ai ales să vii. Aşadar, ai ales să vii pentru a servi şi a sprijini apariţia lumii în Marea Comunitate, căci aceasta e marea trebuinţă a umanităţii în acest moment, iar această mare trebuință va pune în umbră toate celelalte trebuințe ale umanității în vremurile ce vor veni."

— *Spiritualitatea din Marea Comunitate:*
Introducere

DESPRE AUTOR

◆

Cu toate că abia dacă este cunoscut în lumea de astăzi, Marshall Vian Summers ar putea fi recunoscut în final ca fiind cel mai important învățător spiritual care să apară în timpul vieții noastre. De mai bine de douăzeci de ani, el scrie și predă în tăcere o spiritualitate care confirmă realitatea incontestabilă a faptului că umanitatea trăiește într-un univers vast și populat și are nevoie urgentă acum să se pregătească pentru apariția sa într-o Comunitate Mare a formelor de viață inteligente.

MV Summers predă disciplina *Cunoașterii*, sau cunoaștere lăuntrică. „Cea mai profundă intuiție a noastră," spune el, „este doar o expresie exterioară a marii puteri a Cunoașterii." Cartea sa *Pași către Cunoaștere: Cartea cunoașterii lăuntrice*, câștigătoarea premiului Year 2000 Book of the Year Award for Spirituality din Statele Unite, alături de *Spiritualitatea din Marea Comunitate: O nouă revelație*, cuprind împreună o temelie care poate fi considerată ca fiind prima „Teologie a Contactului". Întregul ansamblu al lucrărilor sale, în jur de douăzeci de volume, însă doar câteva publicate momentan de Biblioteca New Knowledge, ar putea să reprezinte unele dintre cele mai originale și avansate învățături spirituale care să apară în istoria modernă. El este, de asemenea, fondatorul

167

organizației The Society for the Greater Community Way of Knowledge, o organizație religioasă nonprofit.

Cu *Aliații umanității*, Marshall Vian Summers devine probabil primul învățător spiritual major care să tragă un semnal clar de alarmă în legătură cu natura reală a Intervenției ce are loc pe pământ la ora actuală, cerându-ne responsabilitate personală, pregătire și conștiență colectivă. Și-a dedicat viața să primească Calea Cunoașterii din Marea Comunitate, un dar pentru umanitate de la Creator. Are angajamentul de a aduce acest Mesaj Nou de la Dumnezeu pe pământ. Pentru a citi despre Noul Mesaj online, vă rugăm să vizitați www.newmessage.org/ro.

DESPRE ORGANIZAȚIA THE SOCIETY

◆

The Society for The Greater Community Way of Knowledge
are o misiune mare pe pământ. Aliații umanității au prezentat
problema Intervenției și tot ceea ce prevestește. Drept răspuns
la această provocare serioasă, s-a oferit o soluție în învățătura
spirituală numită Calea Cunoașterii din Marea Comunitate.
Această învățătură oferă perspectiva și pregătirea spirituală de
nivelul Marii Comunități de care umanitatea va avea nevoie,
pentru a ne păstra dreptul autodeterminării și pentru a ne lua
locul cu succes ca lume emergentă într-un univers ce abundă în
fome de viață inteligente.

Misiunea Societății este să prezinte acest Mesaj Nou pentru
umanitate prin propriile publicații, site-uri web, programe
educaționale și servicii și tabere meditative. Scopul Societății
este să dezvolte bărbați și femei ce trăiesc în Cunoaștere, care
vor fi primii ce vor deschide calea către pregătirea pentru
Marea Comunitate în lumea de astăzi și care vor începe să
contracareze impactul Intervenției. Acești bărbați și femei vor fi
responsabili cu păstrarea în viață a Cunoașterii și înțelepciunii
pe pământ, pe măsură ce lupta pentru libertatea umanității se
intensifică. Societatea a fost fondată în 1992 ca organizație
religioasă nonprofit de către Marshall Vian Summers. De-a
lungul anilor, un grup de studenți dedicați s-a adunat să-l asiste

169

în mod direct. Societatea a fost sprijinită și menținută de acest nucleu de studenți devotați, care au angajamentul de a aduce o nouă conștiență și pregătire spirituală în lume. Misiunea Societății necesită sprijinul și participarea mult mai multor oameni. Având în vedere gravitatea stării planetei, există o nevoie urgentă de Cunoaștere și pregătire. Așadar, Societatea îi cheamă pe bărbații și femeile de pretutindeni să ne asiste în a-i oferi lumii darul acestui Mesaj Nou în acest moment critic de răscruce din istoria noastră.

Ca organizație religioasă nonprofit, The Society a fost sprijinită pe deplin prin activități de voluntariat, dări și contribuții. Însă nevoia tot mai mare de a ajunge la oameni și de a-i pregăti pe oamenii din întreaga lume depășește abilitatea organizației de a-și duce misiunea la bun sfârșit. Vă puteți alătura acestei mari misiuni prin contribuțiile voastre. Împărtășiți mesajul aliaților cu alte persoane. Ajutați la creșterea gradului de conștientizare a faptului că suntem un singur popor și o singură lume, care își face apariția pe o scenă mai mare a vieții inteligente. Deveniți studenți ai Căii Cunoașterii. Iar dacă aveți posibilitatea să fiți binefăcători pentru această mare inițiativă sau dacă știți pe cineva care poate fi, vă rugăm să luați legătura cu organizația The Society. E nevoie de contribuția voastră acum pentru a face posibilă răspândirea mesajului critic al aliaților în întreaga lume și pentru a ajuta umanitatea la schimbarea cursului evenimentelor.

◆

"Te afli în pragul de a primi un
lucru de cea mai mare importanță,
ceva ce este necesar pe pământ—
ceva ce este transmis pe pământ
și tradus pe pământ.

Ești printre primii care
vor primi acest lucru.

Primește-l bine."

SPIRITUALITATEA DIN MAREA COMUNITATE

THE SOCIETY FOR THE GREATER COMMUNITY
WAY OF KNOWLEDGE

P.O. Box 1724 • Boulder, CO 80306-1724

(303) 938-8401, fax (303) 938-1214

society@newmessage.org

www.alliesofhumanity.org   www.newmessage.org

www.alliesofhumanity.org/ro   www.newmessage.org/ro

DESPRE PROCESUL DE TRADUCERE

Mesagerul, Marshall Vian Summers, primeşte un Mesaj Nou de la Dumnezeu încă din anul 1983. Noul Mesaj de la Dumnezeu reprezintă cea mai amplă Revelaţie dăruită vreodată umanităţii, dăruită unei lumi educate acum, cu mijloace de comunicare globală şi cu un grad de conştientizare globală tot mai ridicat. Noul Mesaj nu este dăruit doar pentru un trib, un popor sau o religie, ci e menit să ajungă în întreaga lume. Acest aspect a creat necesitatea traducerilor în cât mai multe limbi posibil.

Procesul Revelaţiei este acum dezvăluit pentru prima oară în istorie. În acest proces remarcabil, Prezenţa lui Dumnezeu îi comunică dincolo de cuvinte Mulţimii Angelice care veghează lumea. Apoi, Mulţimea traduce această comunicare în limbajul uman şi vorbeşte în unitate, toţi într-unul, prin Mesagerul lor, a cărui voce devine vehiculul acestei Voci măreţe—Vocea Revelaţiei. Cuvintele sunt rostite în engleză şi sunt înregistrate direct în formă audio, apoi sunt transcrise şi puse la dispoziţia tuturor în textele şi înregistrările audio ale Noului Mesaj. În acest fel, se păstrează puritatea Mesajului original al Domnului şi poate fi oferită tuturor oamenilor.

Însă există şi un proces de traducere. Având în vedere că Revelaţia originală a fost transmisă în limba engleză, aceasta reprezintă baza tuturor traducerilor în numeroasele limbi ale umanității. Având în vedere că se vorbesc multe limbi în lumea noastră, traducerile sunt extrem de necesare pentru a aduce Noul Mesaj la oamenii de pretutindeni. De-a lungul timpului, unii studenți s-au prezentat și s-au oferit în mod voluntar să traducă Mesajul în limbile lor materne.

În acest moment din istorie, The Society nu își permite să plătească traducerile în atât de multe limbi și pentru un Mesaj atât de vast, un Mesaj care trebuie să ajungă la toată lumea foarte urgent. În plus, The Society consideră că este foarte important ca traducătorii să fie studenți de-ai Noului Mesaj pentru a înțelege și a experimenta, pe cât posibil, esența comunicării traduse.

Având în vedere urgența și nevoia de a împărtăși Noul Mesaj în întreaga lume, solicităm ajutor suplimentar la traduceri pentru a răspândi Noul Mesaj, traducând mai mult conținut din Revelație în limbile în care traducerile deja au început și, de asemenea, introducând alte limbi. Cu timpul, ne străduim să îmbunătățim și calitatea acestor traduceri. Încă sunt foarte multe lucruri de făcut.

CĂRȚILE NOULUI MESAJ DE LA DUMNEZEU

DUMNEZEU A VORBIT DIN NOU

UNICUL DUMNEZEU

NOUL MESAGER

MAREA COMUNITATE

SPIRITUALITATEA DIN MAREA COMUNITATE

PAȘI CĂTRE CUNOAȘTERE

RELAȚIILE ȘI SCOPUL ÎNALT

CUM TRĂIEȘTI CALEA CUNOAȘTERII

VIAȚA DIN UNIVERS

MARILE VALURI DE SCHIMBĂRI

ÎNȚELEPCIUNE DIN MAREA COMUNITATE I ȘI II

SECRETE DIN RAI

ALIAȚII UMANITĂȚII, CARTEA ÎNTÂI, A DOUA ȘI A TREIA